Prof. Rigo Herold

Von der Simson zum ersten Serien-Elektrofahrzeug

Die Pionierarbeiten der Elektromobilität in den 90er Jahren

Prof. Rigo Herold

Impressum

Bibliografische Information der Deutschen Nationalbibliothek:
Die Deutsche Nationalbibliothek verzeichnet diese Publikation in
der Deutschen Nationalbibliografie; detaillierte bibliografische
Daten sind im Internet über dnb.dnb.de abrufbar.

Die automatisierte Analyse des Werkes, um daraus Informationen
insbesondere über Muster, Trends und Korrelationen gemäß §44b
UrhG („Text und Data Mining") zu gewinnen, ist untersagt.

Der Autor hat sich bemüht, sämtliche Rechteinhaber der Bilder zu
ermitteln und die Copyright-Angaben nach bestem Wissen und
Gewissen zu erstellen. Damit eventuell noch nicht erfasste
Ansprüche sind bitte an den Autor zu richten.

© 2025 Rigo Herold

Verlag: BoD · Books on Demand GmbH, Überseering 33, 22297
Hamburg, bod@bod.de

Druck: Libri Plureos GmbH, Friedensallee 273, 22763 Hamburg

ISBN: 978-3-8192-6318-7

Danksagung

Ich bedanke mich zuerst beim Fahrzeugmuseum Suhl in Verantwortung von Thorsten Orban. Weitere Unterstützer werden namentlich in alphabetischer Reihenfolge genannt. Allgemein bedanke ich mich bei Finn Herold, Christin Herold und Juliane Werzner. Im Themenbereich Hotzenblitz bedanke ich mich bei Thomas Albiez, Vitali Kunstmann, Norbert Müller, Frank Rethagen, Harold Schurz-Preißer, Markus Schöttle und Lothar Schünemann. Für den Bereich Volkswagen Roland Gaber, Alexander Herold, Dieter Landenberger, Tino Morgner und Prof. Dr. Holger Naduschewski. Im Themenbereich Saxi Rolf Häcker, Jens Köhler und Maryla Schlegel. Bei BMW Franz Köhler und Friedrich Kühtz. Bei Mercedes-Benz Beate Frank. Bei Ritter Sport Elke Dietrich. Bei TWIKE Martin Möscheid, Wolfgang Möscheid, Friedrich Pohl, Annegret Pönisch und Peter Zeller. Ligier Martin Winter. Westsächsische Hochschule Zwickau Falk Blumhagen, Jens Hamm, Mario Mehlhorn, Falk Weidenmüller und Linda Pöschl.

Zwickau, im April 2025

Rigo Herold

Abstract

Since the EU decision to phase out internal combustion engines by 2035, electromobility has been on everyone's lips. The first electric vehicles and charging infrastructures existed as early as 1900. This book, however, focuses on the beginnings of electric vehicle pilot and series production around the 1990s. Although various literature and online encyclopedias on e-mobility exist, this essay will examine selected projects from the perspective of the developers. Many pioneers of e-mobility therefore supported the author in the creation of this work.

The Simson mopeds, manufactured in Suhl in the former GDR, are popular and beloved by young and old. Far less well known, however, is that Hotzenblitz-Mobile Thüringen GmbH manufactured Germany's first all-electric series-produced vehicle at the former Simson plant from 1994 to 1996. Two-wheeled electromobility also originated in the new federal states. The first series-produced electric scooter, known as the Simson "gamma E," was manufactured in Suhl again. Almost at the same time, the Charly electric scooter was developed and manufactured in Zschopau at the successor company to the GDR motorcycle factory. This article examines the first electric vehicles with two or more wheels that were manufactured, imported, and available in Germany as pilot or small-series models around the 1990s.

Inhaltsverzeichnis

Autor

Prof. Dr. Rigo Herold

Geb. 1980 in Annaberg-Buchholz; 1996 Realschulabschluss; 1996 - 2000 Ausbildung als Energieelektroniker bei R+B Steuerungselektronik in Scheibenberg; 2000 - 2001 Fachoberschule am BSZ „Erdmann Kircheis" in Aue. 2001 – 2002 Grundwehrdienst. 2002 - 2007 Studium der Computer- und Automatisierungstechnik an der HTW Dresden (Masterabschluss 2007). Anschließend arbeitete er als wissenschaftlicher Mitarbeiter am Fraunhofer Institut für Photonische Mikrosysteme (IPMS) in Dresden, wo er dessen Aktivitäten zum Systemdesign von Head Mounted Displays (HMDs) begründete. 2011 promovierte er an der Universität Duisburg-Essen zum Dr.-Ing. Nachdem die Fraunhofer-Forschungseinrichtung für organische Materialien und elektronische Devices Dresden (COMEDD) aus dem Fraunhofer IPMS hervorging, fungierte er als Gruppenleiter für Systemdesign. Seit Juli 2013 Professor für Digitale Systeme an der Westsächsischen Hochschule Zwickau.

Das Buch entstand unter aktiver Mitwirkung ehemaliger Mitarbeiter der genannten Projekte der E-Mobilität. Beim Kapitel Hotzenblitz haben aktiv mitgewirkt Thomas Albiez, Norbert Müller, Harold Schurz-Preißer und Markus Schöttle.

1 Einleitung

Seit dem EU-Beschluss zum Aus für Verbrennungsmotoren ab 2035 ist die Elektromobilität in aller Munde. Erste Elektrofahrzeuge und Ladeinfrastrukturen gab es bereits um 1900. Dieses Buch beschäftigt sich jedoch mit den Anfängen der elektromobilen Pilot- und Serienfertigung um die 1990er Jahre. Obwohl es verschiedene Literatur und Online-Lexika zur E-Mobilität gibt, sollen in dieser Abhandlung ausgewählte Vorhaben aus der Perspektive der Entwickler betrachtet werden. Viele Pioniere der E-Mobilität haben deshalb den Autor bei der Erstellung des Werkes unterstützt.

Populär und beliebt bei Jung und Alt sind die in der DDR in Suhl gefertigten Simson Mopeds. Weitaus weniger bekannt ist jedoch, dass im ehemaligen Simson Werk die Hotzenblitz-Mobile Thüringen GmbH von 1994 bis 1996 das erste deutsche reine Elektro-Serienfahrzeug gefertigt hat. Auch die zweirädrige Elektromobilität hatte ihren Ursprung in den neuen Bundesländern. Wieder in Suhl wurde der erste Serien-Elektroroller gefertigt, der als Simson „gamma E" angeboten wurde. Fast zur gleichen Zeit wurde in Zschopau im Nachfolgeunternehmen der DDR Motorradschmiede der Elektro-Kleinroller Charly entwickelt und gefertigt. Die folgende Abhandlung setzt sich mit den ersten Elektro-Fahrzeugen mit zwei und mehreren Rädern auseinander, die in Deutschland als Pilot- oder Kleinserie um die 90er Jahre hergestellt, importiert und erworben werden konnten.

2 Reine Elektrofahrzeuge

2.1 Hotzenblitz

2.1.1 Ausgangspunkt der Entwicklung

In Deutschland begann die Entwicklung des ersten Elektro-Serienfahrzeugs bereits vor 1990. In Ibach im Südschwarzwald, auch als Hotzenwald bekannt, entstand bei einer abendlichen Runde von Thomas Albiez, Peter Zumkeller, Rainer Schmidt und Thomas Schwarz die Idee, ein Elektrofahrzeug zu entwickeln. Nicht der Hauptgrund, aber ein Auslöser war, dass ein Mitbürger im selben Dorf ein vierrädriges Tretfahrzeug aus Italien auf Elektroantrieb umgebaut hatte. Das Gefährt war jedoch recht langsam, was bei Thomas Albiez für Unmut sorgte, da er es nicht überholen konnte. Er und seine Mitgründer wollten hingegen ein alltagstaugliches Fahrzeug bauen, das mit damaligen Kleinwagen vergleichbar war – allerdings umweltfreundlicher und zur Verbesserung der Lebensräume beitragend. Thomas Albiez war sensibilisiert, etwa durch seinen Vater, einen Landwirt, der das Waldsterben aufgrund von Umweltbelastungen schon Jahre zuvor erkannt hatte. Die drei anderen Gründer waren bereits mit ihrem Unternehmen Ibacher Ökobau aktiv. Sie bauten Holzhäuser, und zwar energieoptimiert – unter anderem mit ökologischer Haustechnik, vergleichbar mit den Lösungen, die Schokoladenfabrikant Alfred Ritter ab 1988 mit seiner Firma Paradigma anbot. 1996 brachte Paradigma beispielsweise einen Vakuum-Röhrenkollektor auf den Markt. Für die

Entwicklung des Hotzenblitz wurde die Firma Hotzenblitz Mobile Ibach GmbH & Co. KG am 26. Oktober 1988 gegründet. Die Geschwister Marlis Hoppe-Ritter und Alfred Ritter, die damals bereits in nachhaltige Projekte investierten, beteiligten sich anfangs mit einer Einlage von einer Million DM – in den Folgejahren dann schrittweise mit mehreren größeren, nicht bezifferten Krediten. Die Gründer wussten um die Konkurrenz der etablierten Autohersteller. Mit Ausnahme einiger Studien setzten diese jedoch auf den Umbau bestehender Fahrzeuge auf Elektroantrieb – ein Ansatz, der in der Fachwelt als „Conversion Design" bekannt ist. In Ibach hingegen war klar, dass der wendige Flitzer speziell für den Elektroantrieb konstruiert sein sollte, mit den daraus resultierenden Gestaltungsfreiheiten (Purpose Design). Der Name war schnell gefunden: Im Südschwarzwald bezeichnet man es als „Hotzenblitz", wenn ein sanierungsbedürftiger, aber gut versicherter Bauernhof vom Blitz getroffen wird. Diese eher negativ besetzte Bedeutung war jedoch nicht gemeint – vielmehr war es der Geistesblitz, der die Gruppe zur Idee führte [MAE-94].

2.1.2 Entwicklung des Hotzenblitz in Ibach

Konzeptphase und Design-Vorentwürfe
Erste Designideen stammten von Harold Schurz, der zeitweise bei Boschert Design in Emmendingen tätig war. Nach kurzer Zeit wurde Harold Schurz von der Hotzenblitz Mobile Ibach GmbH & Co. KG übernommen, um das Fahrzeug bis zur Präsentation 1992 weiterzuentwickeln.

Die Entwicklungsarbeiten am ersten Modell begannen 1989 mit einem kleinen Team von fünf Entwicklern. Erste Entwürfe entstanden an einem Zeichenbrett im Maßstab 1:1 durch Harold Schurz, Bild 1. Ausgehend vom Entwurf auf dem Zeichenbrett entstand ein 1:5-Mock-up Modell zu Anschauungszwecken, Bild 2.

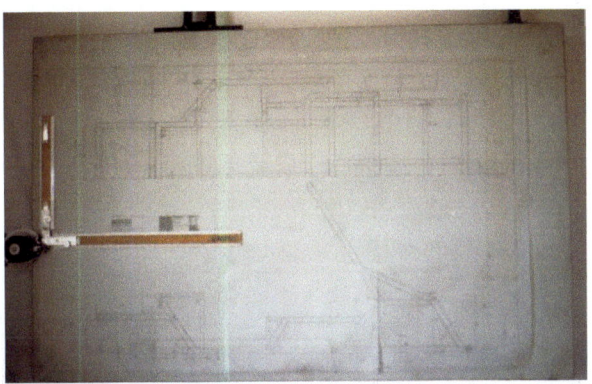

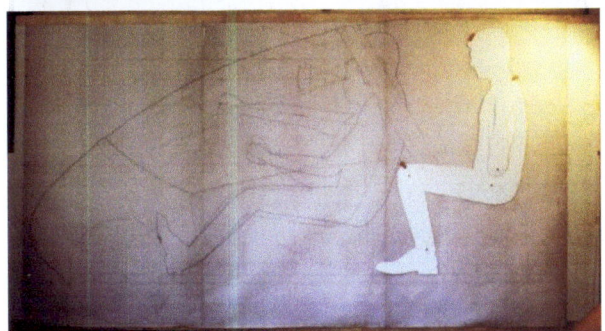

Bild 1 Erste Entwürfe des Hotzenblitzes auf einem Zeichenbrett [© Harold Schurz-Preißer]

Bild 2 Erstes 1:5 Mockup [© Harold Schurz-Preißer]

Im nächsten Arbeitsschritt näherten sich die Entwickler dem Modell im Maßstab 1:1. Dazu wurde ein Rohrrahmen geschweißt, um die konzipierte Ergonomie testen zu können, Bild 3. In diesem Modell konnten Sitze, Lenkrad und Räder integriert und die Proportionen bewertet werden. Mithilfe von Gips als Negativ-Form ließen sich Glasfaserverstärkte Kunststoffe (GFK) für Karosserieteile im Modellbauverfahren hergestellt. So entstand ein erstes 1:1-Realmodell zur Anschauung, Bild 3 (rechts unten). An diesem sogenannten Realmodell konnten optische Mängel festgestellt und Optimierungskriterien abgeleitet werden.

Bild 3 Erster Rahmen zur Dimensionskontrolle (links oben), Erstes Dimensionsmodell mit abgeformten Innenboden (rechts oben), Gipsform des Innenbodens (links unten), Erstes Dimensionierungsmodell mit Außenform (rechts unten) [© Harold Schurz-Preißer]

Design- Entwurfsphase inklusive Prototypenbau
Ausgehend vom Realmodell wurde ein 1:1-Entwurf aus Modellbauschaum modelliert, Bild 4 (rechts oben, links unten). Dieses Modell war geometrisch der Ausgangspunkt

für die später in Serie gefertigten Fahrzeuge. Das Schaummodel diente als Referenzform, um daraus mittels Abformungen die GFK-Hülle zu erstellen, Bild 4 (rechts unten).

Bild 4 Röntgenzeichnung (links oben), Schaummodell von Seite (rechts oben), Schaummodell von oben (links unten), Erste GFK-Abformung der kompletten Karosse (rechts unten) [© Harold Schurz-Preißer]

In einer weiteren Phase Richtung Professionalisierung ging es darum, eine stabile, dennoch leichte und sichere Fahrgastzelle zu bauen. Es sollte bewiesen werden, dass auch kleine Fahrzeuge eine gute passive Sicherheit bieten können. Das Schweizer Unternehmen Schwaller wurde mit dem Rahmenbau beauftragt – im Zuge der Entwicklung auch mit dem Fahrwerksbau. Schwaller galt als Spezialist für Fahrwerksteile von Formel-1-Rennwagen. Rennfahrzeugtechnik floss somit auch in die Rohrrahmenkonstruktion ein. Basis war die vom Schaummodell abgeformte GFK-Hülle, Bild 5 (links oben). Anschließend wurde die GFK-Hülle in einzelne

Karosserieteile unterteilt und am Rohrrahmen integriert, Bild 5 (rechts oben) [ALE-92].

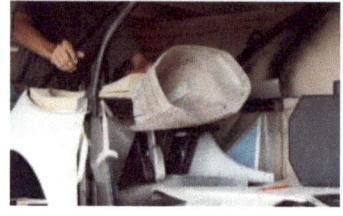

Bild 5 Rohrrahmen Schwaller Motorsport (links oben), Einbau der Scheiben am Prototyp (rechts oben), Armaturenbrett am Prototyp (links unten), Ansicht Innenraum erster Prototyp (rechts unten) [© Harold Schurz-Preißer]

Es folgte der Einbau des Elektromotors inklusive Steuerung, die Integration der Batterie sowie die Montage sämtlicher Bedien- und Konstruktionsteile – den Part der Akku-Technik und Elektrik/Elektronik führte „Elektro Albiez" aus. Ende 1991 war es dann so weit: die Premiere des fahrfertigen Prototyps für erste Fotoshootings, Bild 6. Und dann der große Moment: die Premieren-Präsentation im Februar 1992 in Stuttgart. *Auto-Motor-Sport* fuhr den Hotzenblitz in Ibach und nahm ihn im Rahmen einer Berichterstattung über das Unternehmen unter die Lupe [ALE-92].

Bild 6 Erster fahrbereite Prototyp basierend auf dem Schwaller Motorsport Rohrrahmen [© Harold Schurz-Preißer]

Phase der reproduzierbaren Prototypen „Nullserie"

Nach der Präsentation folgten nahtlos die Entwicklungsarbeiten an Prototypen, die sich nahezu unverändert reproduzieren ließen – quasi ein Vorläufer der in der Industrie üblichen „Nullserie". Zunächst galt es, Serienbauteile zu finden und zu integrieren: beispielsweise Ford-Fiesta-Armaturen und -Lenkrad, Bild 7.

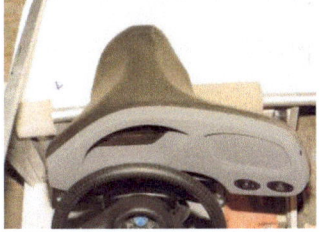

Bild 7 Anpassungen im Cockpit für die Serienfertigung [© Harold Schurz-Preißer]

Ebenso mussten größere Frontscheinwerfer, neue Schlussleuchten sowie serienmäßig erhältliche Sitze und eine Lenksäule (ebenfalls vom Ford Fiesta) beschafft werden. Für mehr Prozess- und Kosteneffizienz wurde auch die Fahrwerkskonstruktion überarbeitet. Große Herausforderungen und präzises

Handwerk waren im Karosseriebau gefragt. Die reproduzier-
bare GFK-Kunststoffhülle wurde von Spezialisten aus Ungarn
gefertigt. Das Team, Bild 8, wohnte und arbeitete damals in
Ibach, wo der Formenbau und die Produktion der ersten
Serienteile für mehrere Fahrzeuge stattfanden.

Bild 8 Hotzenblitz-Junior-Team mit Nachbildung der Akteure, eine Karikatur
vom ungarischen Teammitglied Joula [© Thomas Albiez]

Ritter-Sport nutze eines der ersten Fahrzeuge für Werbezwe-
cke auf Messen, Bild 9. „Die Marketing- Abteilung von Ritter
Sport hat den Werbewert von Hotzenblitz für Ritter-Sport
damals mit über 18 Millionen DM ermittelt", erinnert sich
Thomas Albiez.

Bild 9 Hotzenblitz auf den Messestand von Ritter Sport [© Archiv Ritter Sport]

2.1.3 Designaspekte – die Gene des Hotzenblitz

Wie eingangs erwähnt, sollte sich der Hotzenblitz durch ein eigenständiges Design, eine nutzerfreundliche und praktische Karosseriekonstruktion sowie kompakte Maße auszeichnen. Außen klein, innen groß – vor allem alltagstauglich und in der Qualitätsanmutung auf Augenhöhe mit vergleichbaren Großserienfahrzeugen. Der autobegeisterte Designer und Konstrukteur Harold Schurz wollte aus innerster Überzeugung neue Wege gehen und einen Kontrast zu gängigen Fahrzeugkonzepten schaffen. Der Hotzenblitz sollte Freundlichkeit ausstrahlen und weder gierig noch aggressiv wirken. Kein Überholmonster, sondern ein wendiger Flitzer. Mit der großen, weit nach unten positionierten Frontscheibe sollte Offenheit demonstriert werden – offen und freundlich zu anderen Verkehrsteilnehmern, insbesondere Fußgängern, als Aspekt der Harmonisierung. Dies stand im Kontrast zum sich bereits damals abzeichnenden Mainstream-Design mit kleinen Fenstern und hoher Gürtellinie, das eher an Tresore erinnerte. Das damals noch unbekannte „One-Box-Design" darf als avantgardistisch bezeichnet werden. Es vermittelte ein neues Innenraumgefühl und setzte einen Trend im nachfolgenden Fahrzeugbau.

Elektroautos werden oft unreflektiert als Ökoautos bezeichnet, was sie nicht zwangsläufig sind. Der Hotzenblitz setzte neue Bewertungsmaßstäbe: Auf den ersten Blick überzeugte er mit kurzen, kompakten Maßen – mit wenig Flächenbedarf das ideale Auto für enge oder überfüllte Städte. Systemdenker, Gründer des Club of Rome und Autokritiker Frederik Vester lobte den Hotzenblitz in seinem Buch „Ausfahrt Zukunft – Strategien für den Verkehr von Morgen": Mit 2,70 Metern Länge lasse sich die Querverladung in Zügen und somit ein intermodaler Verkehr realisieren, betonte er auf der Premiere 1992 in Stuttgart. Das war weit vorausgedacht und korrelierte mit Konzepten des Unternehmens Schindler Wagons. Noch näher an der damaligen Praxis und engen Parkräumen oder Zugabteilen: Die anfangs gebauten Dreh-/Schwenktüren ermöglichten einen besseren Ein- und Ausstieg, Bild 10 [HOT-93].

Bild 10 Hotzenblitz mit Schenktüren

Nach Aussage des Designers Harold Schurz-Preißer wurden seine persönlichen Ideen und die seiner Mitstreiter so gut umgesetzt, dass man dem Hotzenblitz auch heute noch mit einem Lächeln und großer Zustimmung begegnet. Auch deshalb wird der Hotzenblitz oft als Ikone der deutschen Elektromobilität bezeichnet.

2.1.4 Serienfertigung in Suhl

Geplante Ziele der Serienfertigung in Suhl
Für die besonders innovative Fertigung war es damals schwierig, eine passende Produktionsumgebung zu finden. Thomas Albiez wurde in den neuen Bundesländern in Suhl fündig. Die Produktion sollte in einer Halle der ehemaligen Simson-Werke bei der damaligen Suhler Fahrzeugwerk GmbH angesiedelt werden. Die Zusammenarbeit war von hohem Kooperationswillen geprägt. Hotzenblitz wurde daher oft anerkennend als „Kind der Wiedervereinigung" bezeichnet.

Thomas Albiez erinnert sich: „Wir konnten den damaligen Simson-Geschäftsführern Dr. Schmuck und Herrn Hagner ein Startdarlehen von 250.000 DM geben. Damit war unter anderem der Aufbau der Zweiradfertigung nach der Wiedervereinigung möglich. Als Dank und Gegenleistung stellte Dr. Schmuck engagierte und gut qualifizierte Mitarbeiter für Hotzenblitz bereit." Es handelte sich zweifellos um eine gute Partnerschaft, denn die Ostdeutschen verfügten über enormes Improvisationstalent und den nötigen Pragmatismus – sowohl handwerklich als auch organisatorisch. Was bisher für

Zweiräder galt, sollte nun auch für Vierräder gelten. Ein Beispiel: Die Reife für eine Zulassung durch das Kraftfahrt-Bundesamt (KBA) fehlte noch. Diese Aufgabe übernahmen erfahrene Ingenieure in Suhl, die bereits zu DDR-Zeiten Zulassungen für Simson-Zweiräder begleitet hatten und somit entsprechende Expertise für das innovative Konzept des Hotzenblitz mitbrachten. In nur zwei Jahren – vom Prototyp bis zur KBA-Zulassung: Das agile Arbeiten, bisher aus Ibach bekannt, wurde in Suhl fortgesetzt.

Planungen im Herbst 1993 zufolge sollten in Suhl Vorserien-fahrzeuge gefertigt werden [HOT-93], mit der Gründung der Hotzenblitz Mobile Thüringen GmbH in Suhl 1993. Für 1994 war geplant, 60 bis 70 Beschäftigte für die Fertigung des Hotzenblitz und einige seiner Zulieferteile einzustellen. „Bis 1994 konnten jedoch die geplanten Fahrzeuge der Vorserie nicht hergestellt werden", kommentiert Thomas Albiez. „Im Fokus stand deshalb der weitere Ausbau der Fertigung in Suhl. Dazu war ein Kredit in Höhe von 8 Millionen DM vorgesehen." Um diesen Kredit zu erhalten, wurde laut Albiez das Finanzministerium des Freistaates Thüringen als Bürge angefragt. Die Zusage verzögerte sich einige Monate, vermut-lich durch einen verlangsamten Informationsaustausch beider Parteien [MAE-94].

Hotzenblitz war zwischenzeitlich eine bekannte Größe unter einigen Politikern – so versuchte der damalige baden-württembergische Wirtschaftsminister, die Produktion in „sein" Bundesland zu holen. Auch der damalige Ministerprä-sident Niedersachsens, Gerhard Schröder, beschäftigte sich mit dem Hotzenblitz und informierte seinen thüringischen Amtskollegen Bernhard Vogel: Er könne mit einem Mittelstandsprogramm die Fertigung des Hotzenblitz gut finanzieren. Über diese Hintergründe wusste Thomas Albiez Bescheid und kann heute berichten. Aufgrund der Konkurrenzangebote und der zögernden Haltung des Thüringer Wirtschaftsministeriums stand das Aus der Fertigung in Suhl bereits zur Diskussion. Doch dann traf die Zusage der Bürgschaft doch noch ein. Die Kleinserienfertigung konnte starten, und 166 Hotzenblitz-Fahrzeuge verließen zwischen Ende 1994 und Mitte 1996 das Suhler Werkstor. Was wie ein Märchen begann, endete im Drama: „Interne und externe negative Einflüsse führten leider zur Liquidation", bewertet Thomas Albiez. „Auch Dritte hätten gegen das Projekt Hotzenblitz gearbeitet." Helmut Kohl konnte nicht helfen: Zu den prominenten Besuchern zählte unter anderem der damalige Bundeskanzler. Hotzenblitz bestand mit ihm zumindest einen weiteren Test: Trotz seiner großen Statur nahm Helmut Kohl Platz und fuhr „eine Runde", mit Anerkennung für das Fahrzeug und die Suhler Mitarbeiter.

Räumlichkeiten der Serienfertigung
Helmut Kohl ließ sich alles zeigen, Bild 11. Die Serienfertigung des Hotzenblitz erfolgte auf dem Gelände des Suhler Fahrzeugwerks und damals noch laufenden Fertigung von Simson-Zweirädern

Bild 11 Bundeskanzler Helmut Kohl und Thomas Albiez vor der Hotzenblitz-Halle in Suhl [© Thomas Albiez]

Das vorgesehene Gebäude, Bild 12, diente vor der Wiedervereinigung der Lehrausbildung für Schweißer (im Kellergeschoß). Das Erdgeschoss wurde als Lager genutzt. Auf beiden Etagen zog die Hotzenblitz Thüringen Mobile GmbH ein. Im Kellergeschoss erfolgten die Schweißarbeiten sowie die Fertigung der Akkuwanne aus Aluminium. Im Erdgeschoss fand die Endmontage statt.

Bild 12 Ehemalige Halle zur Fertigung des Hotzenblitz

Im Kellergeschoss wurde das Material für die Rohrrahmenkarosse zugeschnitten, die einzelnen Rohre und Vierkantprofile gebogen und zur Karosse verschweißt. Es folgten Lackierung und Konservierung der Profile. Parallel wurde in einem anderen Bereich des Kellergeschosses die Akkuwanne gefertigt. Geplant waren drei Akkuwannen pro Tag. Ein anfängliches Problem war die Biegung der Rohre, auf denen die gekrümmte große Frontscheibe aufgeklebt wurde. Die ersten 50 dieser Rohre wurden manuell und damit sehr aufwendig gefertigt. Später lieferte eine externe Firma die Rohre für die Scheibenmontage mit der geforderten Geometrie und Qualität. Für die Verschweißung des Rohrrahmens wurde eine Halterung von einer externen Firma angefertigt, um die Maßhaltigkeit der Geometrie zu gewährleisten, Bild 13.

Bild 13 Schweißarbeiten an der Karosse mit Halterung [© Archiv Fahrzeugmuseum Suhl]

Fertigungsablauf in Suhl

Im Erdgeschoss fixierten die Monteure zunächst die Batteriewanne auf einem Holzbock. Danach wurde die Karosse mit einem Kran von oben auf die Aluwanne gehoben und verschraubt. Zu Beginn waren die Holzböcke feststehend, später wurden Rollböcke eingesetzt, Bild 14. Es folgte die Komplettierung des Fahrzeugs: Verschraubung der Kunststoffverkleidungen, Einbau von Antrieb, Fahrwerk, allen Komponenten im Unterboden und im Innenraum. Eine damalige Herausforderung bei der Montage der Karosserieteile war die Einhaltung des Spaltmaßes von 4 Millimetern – eine Aufgabe der Qualitätsprüfer, die dann auch final alle Funktionen nach vollständiger Aufladung des Akkus auf einer Probefahrt testeten.

Bild 14 Karosse und Aluwanne auf Rollbock (links oben), Endmontage auf Holzbock (rechts oben, links unten), fertiggestellter Hotzenblitz wird geladen (rechts unten) [© Thomas Albiez]

Eigene Komponenten und Zulieferteile

Trotz des innovativen Konzepts des Hotzenblitz konnten Standardkomponenten wie Lenkrad, Bremsscheiben, Schalter, Tankdeckel (für den Ladeanschluss) und Rücklichter nicht individuell angefertigt werden. Das Unternehmen bezog verfügbare Teile von damaligen Serienfahrzeugen, etwa von Ford, Renault und Nissan, Bild 15.

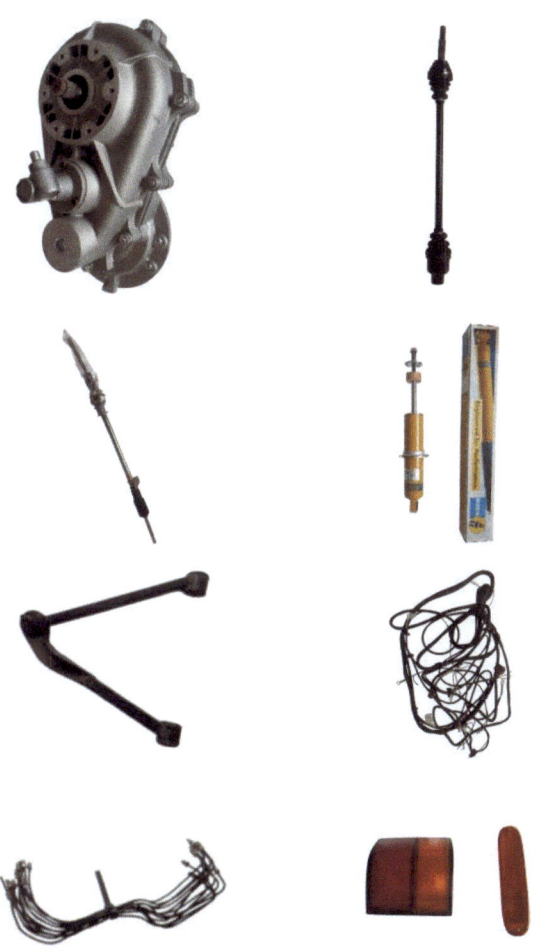

Bild 15 Comex Getriebe (links oben), Antrieb (rechts oben), Lenkeinheit (links 2. Reihe), Stoßdämpfer (rechts, 2. Reihe), Querlenker (links, 3. Reihe), Kabelbaum (rechts, 3. Reihe), Bremsleitungen (links, unten), Rücklichter (rechts, unten)

Der Anteil individuell gefertigter Teile überwog jedoch. Markantestes Beispiel: die große, gebogene Frontscheibe, die in Finnland hergestellt wurde. Wie erwähnt, wurden Rahmen und Akkuwanne von den Suhlern selbst gefertigt, ebenso die Querlenker. Alle Karosserieteile wie Stoßstange, Schweller, Schublade et cetera. wurden aus GFK produziert. Diese Manufaktur war zwar aufwendig, doch für eine teure automatisierte Fertigung war es noch zu früh. Langfristig war geplant, diese Außenteile aus thermoplastischem Kunststoff (ABS, Acrylnitril-Butadien-Styrol) herzustellen. Die letzten (geschätzten) fünf Hotzenblitz-Fahrzeuge mit ABS-Haut sind Zeugen der nächsten Generation einer optimierten Hotzenblitz-Fertigung. Entscheidend war hier der Kooperationspartner und Lieferant Maucher GmbH in Markdorf. Maucher lieferte bereits alle Innenraumverkleidungen aus einem Coextrudat aus ABS und ABS-Regenerat mit eingefärbter Dekorschicht [MAU-94]. „Die Hotzenblitz-Farbe" war Rot, mit wenigen Ausnahmen (Silber, Grün und Weiß). In der Hotzenblitz-Community spricht man noch heute von den „kleinen Roten".

2.1.5 Fertigung der Motorsteuerung

Die Fertigung der Hotzenblitz-Motorsteuerung ist eine eigene kleine Geschichte und soll an dieser Stelle etwas ausführlicher erwähnt werden. Um die 90er Jahre war im Gegensatz zu heute die Verfügbarkeit von Motorsteuerungen für Elektrofahrzeuge sehr überschaubar. Neben den spezifischen Entwicklungen z.B. für VW von ABB und Siemens waren damals noch aus der Schweiz die Firmen Brusa sowie Genlab am Markt. Wie auch beim Ligier Optima II Elektro entschlossen sich die Hotzenblitz Entwickler eine Genlab-Steuerung vom Typ VPA 230 einzusetzen.

Ursprünglich hatte sich die Hotzenblitz-Mobile GmbH & Co. KG and die Innotech AG Antriebs- und Energiesysteme in Schaffhausen gewendet, mit der Bitte der Lizenzfertigung des Antriebssystems VPA230 der Firma Genlab. Da von diesen Steuerungen eine größere Menge hergestellt werden sollte, wurde unter Vermittlung der Wirtschaftsförderung Sachsen eine Lizenzfertigung im sächsischen Zittau angestrebt. Der gleiche Geschäftsführer der Innotech AG gründete im Ergebnis der Gespräche mit der Hotzenblitz-Mobile GmbH & Co. KG die ITI Innotech GmbH Antriebs-, Sicherheits- und Energiesysteme mit Sitz in Zittau. Dabei erhielt der Investor bei der Gründung im Zittauer Technologiezentrum durch die Wirtschaftsförderung Sachsen Unterstützung aus dem Sonderstrukturprogramm „Perlenkette entlang der Neiße".

Die ITI innotech GmbH kaufte unter Nutzung von Fördermitteln im Rahmen der geplanten Investitionen auch die Lizenz der VPA230 von Genlab und fertigte diese unter der Bezeichnung Innodrive E. ITI Innotech GmbH übernahm später auch die Fertigung der Platine für den im Motor integrierten Drehzahlmesser. Die Übernahme der Lizenzfertigung gestaltete sich nicht ganz reibungslos. Die übergebenen Unterlagen lagen nur in Französisch vor und technische Zeichnungen und Schaltpläne mussten zum Teil überarbeitet und an die Bedingungen für einen Einsatz im Hotzenblitz angepasst werden. Infolge thermischer Probleme sind noch vor Beginn der Fertigung unter großem Aufwand Leitungsquerschnitte geändert worden. Ein weiteres Problem war die Abstimmung der jeweiligen Version der Steuerung mit dem Drehzahlgeber. All diese Probleme wurden jedoch nach Absprachen mit dem Beteiligen gelöst. Die Preise für die Steuerung und die Drehzahlgeberplatine wurden auch aufgrund der vielen Änderungen mehrfach nachkalkuliert. Bei einen Rahmenauftrag von 150 Stück kostete der Inverter VPA230 2511,69 DM, die Impulsgeberplatine zur Drehzahlmessung IMP 200T wurde mit 32,3 DM kalkuliert. Der Abruf erfolgte in Losgrößen zwischen 10 und 25 Stück. Bei kleineren Abrufmengen wurde ein Mindermengenzuschlag von 25 % erhoben. Generell waren die Entwickler mit der Kombination Steuerung und dem eigentlich für industrielle Zwecke konstruierten Motor nicht ganz zufrieden. Es gab deshalb Überlegungen gemeinsam mit VEM und der TU Dresden einen aufeinander abgestimmten Kompaktantrieb aus Steuerung und Motor zu entwickeln. In Folge der Zahlungsschwierigkeiten von Hotzenblitz geriet das aufgrund eines bei der IHK Dresden anhängigen Streites über den Firmennamen in Innotas GmbH umbenannte Elektronikunternehmen ebenfalls in finanzielle Schwierigkeiten, sodass auch hier trotz aller Rettungsversuche Insolvenz angemeldet werden musste. Aus der Insolvenz heraus wurde das Unternehmen von dem ehemaligen Mitgesellschafter Norbert Müller und weiteren 4 Entwicklungsingenieuren neu gegründet und baut bis heute unter dem Namen Innotas GmbH Elektronik für die Fernübertragung von Messdaten.

2.1.6 Vertrieb und Händlernetz

Herr Bitzan und Herr Kütt waren für den Händlernetzaufbau zuständig. Sie hatten innerhalb von zwei Jahren neben der Betreuung auf Messen ein Netz von 68 Hotzenblitz-Händlern aufgebaut. Der Mix der Händler bestand aus Elektrofirmen, Solarteuren, Autohäusern, Bosch-Diensten sowie Maschinenbauunternehmen, die ein neues Betätigungsfeld suchten. Weitere 245 Händlerbewerbungen lagen 1996 vor, ebenso viele Vorbestellungen. Die Händler und Bewerber bekundeten Interesse an einer Abnahme von 15 bis 25 Hotzenblitzen pro Jahr. Eine Befragung ergab, dass der damalige Kaufpreis entweder als zu teuer oder zu günstig empfunden wurde.

2.1.7 Öffentlichkeitsarbeit und Marketing

Der Kaufpreis: Zu teuer oder zu günstig? Für den klassischen Endkunden, auch den ein oder anderen Händler zu teurer. Der Schlüssel zum nachhaltigen Kauf und Betrieb der ersten wenigen Hotzenblitze lag in der Vermarktung des Autos in und durch das jeweilige Unternehmen. Nicht der Wert des Autos, sondern sein Nutzen bestimmten den Marktwert. Der Bekanntheitsgrad und das positive Image des Vorzeigeprojektes Hotzenblitz war „die Währung". Und Hotzenblitz wurde in der Öffentlichkeit hoch bewertet. Ebenso wie bei Ritter Sport, bei der Tengelmann-Gruppe [MAS-25], bei Energieversorgern sowie Unternehmen, die mit umweltfreundlichen Produkten ihr Geld verdienten.

Einerseits profitierte Hotzenblitz von überbordenden Anfragen, den öffentlichen Präsentationen – anderseits schienen manche Aufwände und Nutzen im Ungleichgewicht. Es gab diesbezüglich auch Kritiker in den eigenen Reihen. Die Bekanntheit und das positive Feedback von Unternehmen, Partnern und Kaufinteressenten hat in der Autobranche nach der Phase des „Belächelns" für ernstes „Beobachten" gesorgt – war es doch gesellschaftlicher und industriepolitischer Konsens, dass Elektrofahrzeuge „Keiner" kaufen würde. Bereits das Interesse wurde infrage gestellt. Hotzenblitz hat sensibilisiert und für eine neue Diskussion gesorgt. Der Knackpunkt bis dato: Autohersteller monierten die nachvollziehbar schlechten und nicht einsetzbaren Energiespeicher. Die Batteriehersteller hielten dagegen: Solange die Autoindustrie ausschließlich auf „Verbrenner" setzt, sei das Investitionsrisiko zu hoch. Hotzenblitz ging in Vorleistung und weckte zumindest ein Stück weit einen Markt für Elektrofahrzeuge.

2.1.8 Konkurs

Warum scheiterte Hotzenblitz? Thomas Albiez begibt sich in diesem Kapitel auf Ursachenforschung: „Leider war die sehr innovative Idee des Hotzenblitz unternehmerisch langfristig nicht erfolgreich. Trotz vergleichsweise geringer Entwicklungskosten liefen insbesondere für die Serienfertigung in Suhl enorme Kosten auf." Diese entstanden auch, weil es noch keine geeigneten Akkus gab und die Blei-Gel-Akkus in kürzester Zeit kapazitiv verbraucht waren. Erst ab 2003 gab es stabile Akkus, die dem Hotzenblitz alltagstaugliche Reichweiten hätten verleihen können. Die ständig wachsenden Kosten konnten von den Gründern mangels Zeit und aufgrund interner und externer Einflüsse nicht gedeckt werden. „Das Land Thüringen wollte die Serie zwar weiter mitfinanzieren, doch weitere negative Einflüsse überwogen", urteilt Albiez. Obwohl die Nachfrage nach Angaben des Geschäftsführers hoch war und ein Händlernetz im Aufbau begriffen war, wurde am 18. Juli 1996 für die Firmen in Ibach und Thüringen ein Insolvenzantrag gestellt. Die verbliebenen fertigen beziehungsweise teilfertigen Fahrzeuge sowie das Materiallager wurden am 14. Dezember 1996 in Suhl versteigert. Intern warf man der Geschäftsleitung vor, die Firma attraktiver für einen Einstieg eines großen Unternehmens gestalten zu sollen. Auch für andere Strategien fehlte das Kapital. Nach Aussage von Thomas Albiez hätte bei zeitiger Erkennung und Korrektur kleinerer Fehler das Projekt positiver verlaufen können.

Die letzten Fahrzeuge gingen nach Aussagen von Insidern nach China nach Spanien und Griechenland, wobei die Nummer 166 nicht ganz fertig war. Nach den Liquidationsstart der Hotzenblitz Mobile Thüringen GmbH wurden noch teilfertige Fahrzeuge mit den vorhandenen Teilekonvolut fertig gestellt. Die genaue Anzahl ist jedoch nicht bekannt. Thomas Albiez betont: „Die Liquidation läuft auch noch 2025 um die Rechte zu sichern. Die Marke Hotzenblitz wurde von B. Albiez am 18.06.20218 neu angemeldet.".

Das Fazit der beiden: Die Hotzenblitz-Ingenieure und weitere Mitarbeiter hatten im Verhältnis zu anderen Fahrzeugentwicklungen mit wenigen Millionen DM viel erreicht. Vergleichbare E-Mobil Projekte in der damaligen Zeit hätten in der Entwicklung und Marktvorbereitung jeweils ein 7 bis 10-faches an Millionen Euro ausgegeben – und diese scheiterten ebenfalls.

2.1.9 Hotzenblitz als Technologieträger

Einordnung

Die Karosserie und Konstruktion des Hotzenblitz ermöglichten die Integration und den Test alternativer Energiesysteme und Nutzungsprofile – sowohl zur aktiven Zeit des Unternehmens als auch in Zeiträumen nach dem Konkurs. Der Gestaltungsrahmen, die Designfreiheiten und die daraus resultierenden Nutzungsmöglichkeiten waren dem Team in der Anfangsphase möglicherweise nicht in vollem Umfang bewusst, wie im Folgenden dargestellt [MAS-25]. Ideen gab es genug – eigene sowie solche von begeisterten Beobachtern, Entwicklern und Technologieunternehmen. Doch die Priorität auf die geplante Vorserienproduktion sprengte sicherlich die Kapazitäten des Unternehmens, solche vielversprechenden Experimente mitzutragen. Der Entwicklungsaufwand für die Fertigungsvorbereitungen war allein schon Herausforderung genug. Wie bereits im Kapitel „Modellbau und Design" ausgeführt, zeigt sich hier erneut, wie agil, „lean" und kostenbewusst gearbeitet wurde und werden musste. Rückblickend lässt sich sagen, dass Hotzenblitz unter seinen Möglichkeiten agieren musste. Dies wird im Kapitel „Technologieträger" besonders deutlich.

Range Extender

Welche alternativen Technologien standen zur Diskussion? Bereits 1992 kam das Fraunhofer-Institut für Solare Energiesysteme ISE auf Hotzenblitz zu [MAS-25]. Die Idee der Forscher: Eine am Institut entwickelte 1-Kilowatt-Brennstoffzelle könnte als Range-Extender-Generator passgenau in die Gepäckschublade integriert werden. Leider kam es nicht zur gemeinsamen Umsetzung. Ein ähnliches Konzept mit vergleichbaren und anderen Range-Extender-Lösungen konnte Redakteur Markus Schöttle unter anderem in einem Interview mit Professor Dr. Gang Wan (damaliger Präsident der Tongji-Universität Shanghai) im Jahr 2005 einsehen [MAS-25]. Den Bildern zufolge, die eigentlich nur beiläufig gezeigt wurden, könnten mehr Hotzenblitze auf Chinas Straßen getestet worden sein als je in Deutschland.

Range Extender Brennstoffzelle/Solar

Die ESG Elektroniksystem- und Logistik GmbH integrierte in den 2000er-Jahren ein Brennstoffzellensystem in einen Hotzenblitz [MAS-25]. In Kombination mit dem batterieelektrischen Antrieb entstand der sogenannte „Elektrische Hybrid". Bei dieser damals einzigartigen Erweiterung des Energiesystems handelte es sich um ausklappbare und ausziehbare Solarmodule. Für ein optimales Package folgte ESG den ursprünglichen Ideen der Hotzenblitz-Entwickler: der Karosserievariante „Pick-up" mit Ladefläche.

Akkumulatoren

Bemerkenswert war der Versuch, dass 1992 erstmals vorge-
stellte Prototypenmodell des Hotzeblitz mit einer Zink-Brom-
Batterie im Straßenverkehr zu fahren. Der auch als „Kunst-
stoffbatterie" bezeichnete Energiespeicher wurde in die
vorhandene Aluminiumwanne im Unterboden integriert. Die
Kooperation mit der Entwicklungsfirma SEA in Österreich
[ELW-02] währte aufgrund technischer Probleme der noch
jungen und bis heute kritisch betrachteten Batterietechnologie
nicht lange. Doch der Mut kannte damals offenbar keine
Grenzen.

Weniger spektakulär, aber für die 90er-Jahre und teilweise bis
heute ungewöhnlich, war der Gestaltungsspielraum, den die
Akkuwanne bot. Verschiedene Baugrößen bleibasierter
Akkumulatoren konnten eingebaut werden. In Ausnahmefäl-
len wurde die Einbauhöhe individuell angepasst (die Sitzposition änderte sich um etwa zwei bis drei Zentimeter). Es
folgten neue Generationen von Energiespeichern: Nickel-
Cadmium-Akkus (angedachte Kooperation mit der DAUG,
einem Unternehmen der Daimler AG) [MAS-25], später ein
Nickel-Metallhydrid-Akku in Kooperation mit VARTA
(Reichweiten bis 140 km) und seit einigen Jahren lithiumba-
sierte Speichermedien [MAS-25]. Neueste Produkte ermöglichen den verbliebenen fahrfertigen Hotzenblitz-Fahrzeugen
Reichweiten von bis zu 300 Kilometern.

Hotzenblitz – fahrendes Brennstoffzellen-Labor

Das umfangreichste Forschungs- und Entwicklungsprojekt auf Basis von Hotzenblitz-Fahrzeugen in Deutschland führte das Deutsche Zentrum für Luft- und Raumfahrt (DLR) in Stuttgart durch – gleich zu Beginn des 2001 neu gegründeten Instituts für Fahrzeugkonzepte (IFK). Zu den damaligen Zielen des IFK zählten die Mitwirkung an energieeffizienterer Mobilität, fortschrittliche Bauweisen und Leichtbaukonzepte. Die Wahl fiel auf „den Hotzenblitz". Zwei Fahrzeuge, vielmehr aus originalen Neuteilen zusammengesetzte Hotzenblitz-Fahrzeuge, dienten als fahrbare Versuchsträger für Brennstoffzellensysteme, Bild 16.

Bild 16 Hotzenblitz mit Brennstoffzellen-Hybridtechnik, entwickelt am Institut für Fahrzeugkonzepte (IFK) des DLR. [© DLR]

Das Projekt namens HyLite© [DLR-09] erarbeitete zwischen April 2001 und Juli 2006 wichtige Grundlagen und Erkenntnisse, gemeinsam mit Zulieferern von Komponenten und Systemen. Im Vordergrund stand nicht die Entwicklung des Brennstoffzellen(BZ)-Stacks, sondern die Erprobung und Optimierung der peripheren Systeme wie Luftversorgung und Kühlsystem. Der Bedarf an einer offenen Entwicklungsplattform war für alle beteiligten Unternehmen hoch, da den Lieferanten wichtige Rückmeldungen und Testergebnisse der Automobilhersteller und ihrer Kunden fehlten [MAS-25]. Ein kontinuierlicher +Verbesserungsprozess und die notwendige Weiterentwicklung gerieten ins Stocken. Dem entgegen lieferte das IFK signifikante Mehrwerte [MAS-25].

Die Ziele bei HyLite©:

- Die Integration eines Brennstoffzellensystems in den „Hybridantriebsstrang eines existierenden Fahrzeugs". Mit Hybridantriebsstrang ist ein sogenannter E-Hybrid gemeint, also die Kombination aus batterieelektrischem Antrieb und Brennstoffzelle als Energielieferant.

- Der Entwurf und Aufbau einer offenen Entwicklungsplattform für Brennstoffzellen-Antriebssysteme (heute würde man dies als „Open-Source-Ansatz" bezeichnen).

- Die Entwicklung kostengünstiger und leistungsfähiger Komponenten für entsprechende Antriebsysteme.

- Die Entwicklung leistungsfähigerer Kühlsysteme für Fahrzeugantriebe.

- Die deutliche Verbesserung von Sicherheitssystemen (gasdichte Räume, E/E-Sicherheit).

- Der Aufbau und Betrieb eines leistungsfähigen Simulationsmodells.

Die Entwicklungsansätze im HyLite-Projekt waren pragmatisch geprägt:

- Unbedingte Kostenreduktion, höhere Zuverlässigkeit und bessere Anpassung an spezialisierte Applikationen und Einsatznischen.

- Weniger Bauteile, Modularisierung von verfahrenstechnischen und elektrischen Subsystemen (idealerweise vorgefertigte Baugruppen). Beispielsweise konnten bei der Wasserstoffversorgung 35 Komponenten durch vier hochintegrierte ersetzt werden.

- Schnellere Inbetriebnahme.

- Test im realen Fahrbetrieb zu jeder Jahreszeit, Bild 17

Bild 17 HyLite©: Test im realen Fahrbetrieb zu jeder Jahreszeit [© DLR]

2.1.10 Hotzenblitz-Community

Trotz des Konkurses von Hotzenblitz verschwanden nicht alle Fahrzeuge von der Straße. Die Besitzer der kleinen Flitzer organisierten sich teilweise selbst, um ihre Autos fahrbereit zu halten. Es bildete sich eine kleine Community, in der jeder sein technisches Know-how einbrachte – etwa bei der Beschaffung von Fahrzeugteilen, der Programmierung des Batteriemanagementsystems oder der Wahl des besten Öls für das Comex-Getriebe.

Die Firma Kruspan Engineering optimierte einen Hotzenblitz. Es wurde ein stärkerer Motor eingebaut und die Steuerung von Brusa AMC325 integriert, wie beim Saxi. Durch Hoch-leistungsbatterien wurde eine Reichweite von etwa 350 km erreicht. Der Heckbereich wurde komplett überarbeitet, und Türen mit elektrischen Fensterhebern wurden eingebaut, Bild 18. Die ursprüngliche Standheizung wurde durch eine rein elektrische Heizung ersetzt. Zudem wurde die Bremsanlage mit einem Servo verstärkt.

Ein wahrer Helfer in der Not und begnadeter Techniker war und ist Vitali Kunstmann, der einige Hotzenblitz-Fahrzeuge von Grund auf restauriert und mit neuer Technik ebenfalls zu Reichweiten jenseits der 200-km-Marke verholfen hat.

Bild 18 Überarbeiteter Hotzenblitz [© Andreas Kruspan]

Angebotene Serviceleistungen

Es gab verschiedene Geschäftsideen zum weiteren Support und zur Versorgung mit Ersatzteilen. Dazu wurden aus der Konkursmasse von Hotzenblitz die noch übrigen Ersatzteile aufgekauft. In Dogern wurde der Hotzenblitz-Service aufge-baut, der später jedoch eingestellt wurde. Die Firma Marc-Eric Storsberg Electronic aus Solingen, selbst Hotzenblitz-Händler seit 1995, informierte mit einem Schreiben vom 7. Januar 1997 Händler und Besitzer, dass das gesamte Ersatz-teillager ersteigert wurde. Ziel war es, die bisher gefertigten Hotzenblitze am Laufen zu halten und unvollständig ersteigerte Fahrzeuge zu komplettieren. Langfristig sollte die Ersatzteilbeschaffung gesichert werden. Nachfolgend ist die zum Zeitpunkt 1997 angebotene Preisliste abgebildet. Alle in Tabelle 1 aufgeführten Artikel wurden zum Sonderpreis von 2.900 DM bis zum 31. März 1997 verkauft.

Tabelle 1 Preisliste Hotzenblitz Kunstoffkarosserieteile 1997

Bezeichnung	Preis ohne Mwst.
Motorhaube	605,00 DM
Stoßstange vorne	257,50 DM
Stoßstange hinten rechts	192,50 DM
Stoßstange hinten links	192,50 DM
Schubladen Blende	212,50 DM
Schubladen Korpus	400,00 DM
Seitenteile rechts	621,25 DM
Seitenteile links	590,00 DM
Buggyschweller rechts	396,00 DM
Buggyschweller links	396,00 DM
Heckblende	130,00 DM
Targadachrahmen	171,25 DM

Da der Hotzenblitz bis auf einzelne Versuchsmuster in der Variante Buggy ausgeliefert wurde konnte von der Firma PROKAR Entwicklungs- und Vertriebsgesellschaft mbH in Überliegen Türen als Nachrüstsatz bezogen werden. 2005 kosteten 2 Türen mit elektrischem Fensterheber und Montage 4060 €.

Hotzenblitz Treffen

Ein Höhepunkt für Hotzenblitz-Besitzer waren die Hotzenblitz-Treffen. Das erste Treffen mit dem Jubiläumstitel „10 Jahre Hotzenblitz" fand im September 2004 in Dogern (bei Waldshut an der Schweizer Grenze) statt. Das zweite Hotzenblitz-Treffen wurde im September 2007 in Dresden durchgeführt, ein drittes Treffen fand im Juli 2011 im Raum Marburg an der Lahn.

2.1.11 Neustart der Hotzenblitzfertigung

In diesem Kapitel macht Thomas Albiez neugierig. Firma GeoPart GmbH & Co. KG um seine Person sowie Partner betreuen laut Albiez derzeit etwa 68 Hotzenblitz-Fahrzeuge im In- und Ausland. Der „alte" Hotzenblitz wurde überarbeitet und in 3D-CAD überführt. Zudem soll ein neuer Antrieb konzipiert worden sein. „Diese laufenden Kosten werden ohne Kredite gedeckt", betont der Tüftler. Entsprechende Nutzungsrechte würden vom Konkursverwalter erworben. „Das Lieferantennetzwerk wurde neu aufgebaut, und eine Serienfertigung befindet sich in Vorbereitung", verrät die Hotzenwälder Kämpfernatur. Die aktuelle Herausforderung sei die Finanzierung einer Großserie. Eine Reihe von wichtigen Alleinstellungsmerkmalen wären entwickelt worden, um auf dem Markt zu bestehen.

Bild 19 Aufstellung mehrerer Hotzenblitze [© Thomas Albiez]

2.1.12 Technische Merkmale

Die in Serie gefertigten Hotzenblitze wiesen die in Tabelle 2 aufgeführten technischen Daten auf.

Tabelle 2 Technische Daten Hotzenblitz [HOT-93]

	Einheit	Kenngröße
Abmessungen		
Länge	mm	2700
Breite	mm	1480
Höhe	mm	1500
Radstand	mm	1750
Spurbreite	mm	1350
Wendekreis	m	ca. 7,6
Gewicht		
Leergewicht incl. Batterien	kg	ca. 830
Zuladung	kg	ca. 400
Antrieb		
Leistung	kW / Ps	12/16,3
Getriebe		Einstufiges Getriebe mit Differential
Motor		Drehstrom-Asynchron-Motor (Rekuperation)
Batterien		
Variante 1: 14 Blei-Gel-Batterien		168V / 60Ah / 10,8 kWh, Gesamt 10,8kWh

Variante 2 (wurde vorbereitet): 14 Zink-Brom-Batterien		Gesamt 15 kWh
Bordnetz		DC/DC-Wandler 168 V auf 12 V, 300 W
Laden		
Ladegerät	V / kW	230 / 2,4
Ladedauer	h	ca. 5
Fahrleistung		
Höchstgeschwindigkeit	km/h	120
Reichweite (Blei-Gel)	km	ca. 80
Reichweite (Zink-Brom)	km	ca. 200
Beschleunigung	0–60 km/h	5,8 Sekunden
Verbrauch	kWh auf 100km	ca. 10 – 12
Steigfähigkeit		Anfahren an Steigung voll beladen 18 %
Bereifung		
Räder		Stahlgürtelreifen 135/70 R13 T auf Felgen 41/5J x13, optional Alufelgen
Bremsanlage		
Hydraulisch bestätigte Handbremse auf die Hinterräder wirkend	Vorn Hinten	Scheibenbremsen (Aluminiumbremssättel) Trommelbremse (Aluminium)
Fahrgestell / Fahrwerk / Karosserie		

Rohrrahmenkonstruktion aus Chrom-Molybdänstahl, Frontantrieb, Batteriekasten in den Fahrzeugboden integriert. Radaufhängung vorne: Einzelradaufhängung an Doppelquerlenkern, doppeltwirkende Teleskopstoßdämpfer, Schraubenfedern. Radaufhängung hinten: Torsionskurbellenkerachse, doppelt wirkende Teleskopstoßdämpfer. Progressive Schraubfedern. GFK-Fahrzeughülle mit abnehmbarem Hardtop oder Klappverdeck, 2 Schwenktüren, 1 Heckschublade, Heckklappe, variabler Gepäckraum.

2.2　InnoVan SAXI

2.2.1　Vision und Finanzierung

Idee

Ein weiteres Konzept eines frühen Elektro-Fahrzeuges war der InnoVan SAXI Kurier. Vorangetrieben wurde diese Idee vom in Heidelberg geborenen Herrn Gerhard Nähr, welcher zuvor bei Volkswagen in der strategischen Planung gearbeitet hatte. Die Fertigung sollte dort erfolgen, wo zu DDR Zeiten der Transporter „Barkas" gebaut wurde. Dazu wurde 1995 von Gerhard Nähr das sächsische Unternehmen Transport-Systemetechnik AG (TRAPOS) in Mittweida gegründet. Die Idee war der damaligen Zeit weit voraus. Der SAXI sollte als emissionsfreies Niedrigflur-Großraumfahrzeug in der Innenstadt eingesetzt werden. Bei Abmessungen in der Größe eines Smarts von 2,37 m Länge, 1,5 m Breite und 1,88 m Höhe konnten neben dem Fahrer 4 Fahrgäste Platz finden. Unter den seitlichen Sitzgelegenheiten konnte die Batterie Platz finden. Haupteinsatzgebiete sollten emissionsbeschränkte Bereiche wie Kurorte, Flughäfen, Messen etc. sein. Der Verkaufspreis sollte zwischen 22 TDM und 25 TDM liegen. Es war ursprünglich geplant jährlich 20.000 Fahrzeuge zu fertigen. Die geplante SAXI Modulfabrik sollte aus einem Karosserie- und Montagewerk und im Endausbau ca. 200 Mitarbeitern beschäftigen. Beim Projekt SAXI sollte auf die Erfahrung von Senior-Experten der Automobilindustrie zurückgegriffen werden. Eine Idee war dabei den SAXI durch Kooperationen mit mittelständischen Partnern im Inland kostengünstig herstellen zu können und somit zukünftig

Arbeitsplätze zu schaffen. Für die Karosse wurden leichte Werkstoffe der Luft- und Raumfahrt eingesetzt. Konkret wurden faserverstärkte Kunststoffe in Komposit Bauweise genutzt. Die SAXI-Karosserie besteht aus Verbundkunststoff (GFK) und ist selbsttragend. Das ermöglichte eine mechanische Festigkeit mit exzellenten Dämpfungseigenschaften. Außerdem waren diese Komponenten korrosionsfrei. Der SAXI kann somit im Gewicht um die Hälfte gegenüber klassischen Automobilen reduziert werden. Die Recyclingfähigkeit ermöglicht eine umweltschonende Transporttechnologie. Die Modulfabrik sollte in 3 Phasen umgesetzt werden.

Bis Ende 1996
Herstellung von ca. 20 SAXI-Musterfahrzeugen auf Basis des Horlacher „Ur-SAXI" für Demozwecke und zur Erprobung der Fertigungsinfrastruktur
1997 – 1998 Versuchsfertigung und Kleinserien-/ Pilotproduktion
Zur Dauererprobung sollte 1997 die Versuchsfertigung der SAXI in Segmentbauweise bei unterschiedlichen Ausstattungskombinationen und Spezifikationen erfolgen. Ab Quartal 3 1997 sollten in angemieteten Werkshallen in Mittweida 15 Fahrzeuge / Tag bei kostenoptimalen Beschaffungs- und Fertigungskapazitäten gefertigt werden (Kleinserien- und Pilotfertigung).
1998 – 1999 Serienproduktion und Erreichen volle Fertigungstiefe
Ab Mitte/Ende 1998 sollte im Gewerbegebiet Mittweida die Serienfertigung des SAXI anlaufen.

Zur Vermarktungsfähigkeit hatte die TRAPOS AG bei der DGM München eine Marktstudie beauftragt. Ergebnisse der Studie waren, dass im Jahr 2000 ein Potential von 550.00 E-Fahrzeugen bestand. Der Einsatz wurde im Kurzstrecken-Transport gesehen, wo emissionsfrei und leise eine kostengünstige Entfernungsüberbrückung von Gütern und Personen benötigt wird. Ebenfalls sollte der SAXI als Zustellfahrzeug, Personen- und Warentaxi sowie auch als Kombi zur Beförderung von Personen mit körperlichen Einschränkungen dienen. Es war angedacht, dass der SAXI durch seine leichte GFK-Karosserie bis zu 150 km Reichweite erreichen könnte. Für die geplante Fertigungskonzeption sollte die Produktion schnell auf Veränderungen der Nachfrage reagieren können. Es wurde die Fahrzeugkonstruktion standardisiert (Plattformkonzept). Der Fertigungsprozess sollte aus multifunktionalen, montagefreundlichen Großteilen erfolgen. Dabei wurden Vorlieferanten frühzeitig in die fertigungsgerechte Produktgestaltung einbezogen und somit eine konsequente Teilestandardisierung möglich sein. Die Montagezeiten sollten durch die Funktionsintegration von Kunststoff-Modulen erheblich reduziert werden. Durch neue Beschichtungstechniken der Karosserie Außenteile sollte auf Lackierarbeiten verzichtet werden. Neben den emissionsfreien Betrieb sollte auch die Recycling- und Umweltproblematik von Kunststoffen berücksichtigt werden. Für die umweltschonende Fertigung war ein Öko-Audit vorgesehen. Es sollte ein Qualitätsmanagement nach DIN ISO 9000 ff etabliert werden. Insgesamt wurden mit der SAXI Modulfertigung im Mittelstand folgende Standortvorteile gesehen [NÄH-96]:

- Hohes Gleicheteileprogramm bei Teilen und Baugruppen (Standards)
- Die Verwendung von handelsüblichen Serienteilen aus den Regalen anderer Zulieferer
- Optimale Materialbestellung und Produktionsflexibilität durch rechnergestützte Logistiksysteme. Reduzierung der Kapitalbindung im Lager
- Erzielung von günstigen Einkaufspreisen durch gemeinsame Beschaffung
- Lieferung der Produkte und Leistungen direkt ans Band der SAXI Modulfabrik
- Nutzung der Flexibilität der mittelständischen Zulieferindustrie im Freistaat Sachen für eine neue Produkt- und Produktionsprofilierung

Finanzierung

Wie bei vielen anderen Elektroauto Startups war hier das Problem der initialen Finanzierung bzw. Förderung. Der damalige Geschäftsführer der TRAPOS AG nutzte dabei Eigenkapitel, ähnlich wie bei Hotzenblitz wurde noch dazu noch ein größerer Investor gesucht. Gerhard Nähr konnte dafür den in seinen Geburtsort Heidelberg ansässiger Architekt und Bauträger Reiner Dombrowski für das Vorhaben gewinnen. Herr Dombrowski stellte die Anschub-Finanzierung und wurde Mehrheitsaktionär der TRAPOS AG, ebenfalls wurde die Sparkasse Wiesloch mit ins Boot geholt [WIR-96].

2.2.2 Konzeption Prototyp K001-PA

Kompaktes Konzept sowie Passive-Sicherheit

Sehr großzügige Innenraum-Verhältnisse, gute Sicht zur Seite sowie nach vorn. Fahreigenschaften ähnlich wie bei Pkws, Bild 20. Der Heckeinstieg dient der Verbesserung der passiven Rundumsicherheit. Die Aufprallenergie wird über entsprechend angeordnete und dimensionierte Längs- und Querträger (Lastpfade) im Crash-Gürtel der Bodenlage absorbiert. Eine hohe Sicherheit bietet das Fahrwerk sowie der konsequente Einsatz von Verbundwerkstoffen. Vorn und hinten einzeln aufgehängte McPherson-Federbeine, Scheibenbremsen vorn und Trommelbremsen hinten. Hydraulische Diagonal-Zweikreis-Bremsanlage. Zukünftig sollte eine „Kunststoff-Querblattfeder" wahlweise eingebaut werden. Der SAXI besitzt standardmäßig Sitzbänke quer zur Fahrtrichtung und erlaubt eine außerordentlich bequeme Nutzung der hohen Transportkapazität von bis zu 6 Personen oder 400 kg, Bild 20. Es herrschen ergonomisch optimale Verhältnisse zwischen den Anzeigen, Bedienelementen und der Sitzposition. Optional können die Sitzbänke auch gegen Einzelsitze in Fahrtrichtung getauscht werden.

Funktionsausstattung

Zur Serienausstattung gehörten folgende Elemente: Haltegriffe (Ein-/Ausstieg, Innenraum), Staufächer, Kleiderhaken, innenverstellbarer Außenspiegel, elektrische Scheibenwischanlage, Armlehnen und Lendenwirbel-Stütze an den Sitzbänken, Innenraumbeleuchtung, Leichtmetallräder, getönte

Scheiben, Lüftungs- und Heizungsanlage, Automatik-Beckengurte für die Fahrgäste, Höhenverstellbarer Dreipunkt-Automatikgurt für den Fahrer [NÄH-96].

Bild 20 SAXI von vorn (links oben), Fahrersitz mit Antrieb (rechts oben), Einstieg über Schiebetüren (links unten), Seitliche Sitzgelegenheit (rechts unten) [© Stephan Hloucal]

Antrieb

Der Antrieb befindet sich rechts vom Fahrer. Die Steuerung war direkt davor integriert. Die Antriebswelle zum linken Rad verlief somit unter den Fußraum des Fahrers, Bild 21.

Bild 21 Sicht auf den Motor mit Comex Getriebe, im Hintergrund AMC325 Steuerung (links), Sicht auf die Pedale und die Antriebswelle (rechts)

Tabelle 3 Technische Daten SAXI K001-PA

	Einheit	Kenngröße
Abmessungen		
Länge	mm	2700
Breite	mm	1690
Höhe	mm	1900
Gewicht		
Leergewicht inkl. Batterien	kg	700
Zuladung	kg	400
Gesamtgewicht	kg	1150
Antrieb		
Leistung	kW / Ps	12 /16,3
Motor		Frontantrieb Asynchronmotor
Batterien		
NiMh / NiCd		60 Ah / 200 V
Bordnetz DC/DC-Wandler	W	1000
Laden		
Ladegerät	V / kW	230 / 3,6 kW (Brusa)
Ladedauer	h	3 / bei Schnelladung <0,5
Fahrleistung		
Höchstgeschwindigkeit	km/h	100
Effiziente Reisegeschwindigkeit	km/h	50
Reichweite bei 50km/h	km	ca. 200
Beschleunigung	0 – 50 km/h in s	7
Beschleunigung	0 – 90 km/h in s	15
Verbrauch	kWh auf 100km	ca. 11
Steigfähigkeit	%	Anfahren an Steigung voll beladen 20

Bereifung		
Räder		Michelin Proxima 145 / 60R14 auf Esoro Felgen 3,5J x14H2 (Spezialanfertigung)
Karosserie		
Sitzplätze		6 (Standardbestuhlung) 4 (Komfortbestuhlung)
GFK-sandwich, selbsttragend		
Mehrausstattung		
		GPS Navigationssystem, Funkfernbedienung, Zeitschaltuhr, Thermostat für Heizung, Radiovorbereitung, Radioanlagen mit erweiterten Funktionen, automatische Türöffnung (elektrisch), Solar-Sonnendach (Hubdach), seitliche Ausstellfenster
Heizung / Lüftung		
		Air Top 24S Standheizung, Verbrauch 0,24 L/h

2.2.3 Überführung vom Prototyp zur Kleinserie

Entworfen wurde das Konzept des SAXI von Max Horlacher aus der Schweiz. Die Horlacher AG hatte 1994 dazu ein Prototyp das „Ur"-Fahrzeuges gebaut. Nach Aussagen von Zeitzeugen sollte die Lizenz zum Nachbau ca. 1 Million € gekostet haben. Das Ur-Fahrzeug wurde zuerst ins Fahrzeugwerk Gotha transferiert. Dort wurde das Fahrwerk überarbeitet und die Geometrie für die weitere Kleinserie vermessen. Danach wurde das Fahrzeug zum Firmensitz nach Mittweida gebracht und technisch untersucht. Für eine weitere Begutachtung für die Möglichkeit des Karosseriebaus wurde das

„Ur SAXI" nach Radeburg zur Außenstelle der Mitras GmbH überführt. In Radeburg wurde ein möglicher Karosseriebau bestätigt. Mit den Originalformen wurde ausgehend vom Horlacher Prototyp eine erste Karosse nachgebaut sowie einige Teile, wie Armaturenbrett und Abdeckungen, der Innenausstattung gefertigt. Ähnlich wie beim Hotzenblitz wurde damals auf einer Vielzahl von verfügbaren Teilen zurückgegriffen. Der Fahrersitz wurde z.B. von Fiat genutzt. Schalter im Cockpit oder Komponenten der Beleuchtungseinrichtung wurden von anderen Automobilherstellern genutzt. Bezüglich des Antriebs gab es Parallelen zum Hotzenblitz. Es wurde der gleiche Motor von Thien DKF 112M/1604 C-LAB sowie das Getriebe von Comex D836 genutzt. Als Steuerung wurde jedoch nicht wie beim Hotzenblitz oder Ligier Optima ein Genlab VPS230 sondern ein Lizenznachbau von Brusa genutzt. Die Firma EAW Elektronik GmbH fertigte damals Brusa Steuerungen in Lizenz. Gemäß einem vorliegenden Angebot beliefen sich die Kosten für die erste Mustersteuerung auf 13.300DM. Nachgebaut wurde die Steuerung vom Typ Brusa AMC325, Bild 22.

Bild 22 Motorsteuerung des Saxi Brusa AMC-325

Für jedes Fahrzeug im Rahmen der Kleinserie erfolgte eine Einzelzulassung. Eine Besonderheit dabei war der Brandschutz, da das Fahrzeug nur durch den Hinterausgang verlassen werden konnte. Wie bei Bussen mussten die vorderen Scheiben eingeschlagen werden können.

2.2.4 Realisierte Fahrzeuge

Mit dem Auftrag der Leipziger Messe für den Bau einer Flotte mit zehn Fahrzeugen begann eine Art Nullserienfertigung. Die Bedingung der Messe war allerdings, bis zur Eröffnung des neuen Messegeländes am 12. April 1996 müssen die Fahrzeuge fertig sein. Diese Herausforderung in nur vier Monaten diese Serie aufzubauen führte dann dazu, alternative Lieferanten und Partner zu suchen, die hier im gesteckten zeitlichen Rahmen unterstützen konnten. So wurden die Karossen nicht in Radeburg gefertigt, sondern unter Anleitung in Bremen bei der Firma Abeking & Rasmussen. Eigentlich eine Werft, aber mit langjähriger Erfahrung mit Faserverbundwerkstoffen, da man auch Rotorblätter für die aufkommenden Windparks fertigte.

Die Leipziger Messe hatte für eine Fahrzeugflotte eine staatliche Förderung erhalten. Daraus resultierte der erste große Auftrag der TRAPOS AG - für die Messe 1995 sollten eine Flotte von 10 SAXIs gefertigt werden, Bild 23.

Bild 23 Alle SAXI-Modelle vor der Leipziger Messe [Korsei (https://commons.wikimedia.org/wiki/File:Saxis.png), „Saxis", https:// creativecommons.org/licenses/by-sa/3.0/legalcode]

Beim Aufbau der 10 SAXI für die Leipziger Messe erfolgten von Fahrzeug zu Fahrzeug verschiedene Optimierungen. Z.B. wurde beim ersten auf den Prototyp basierenden Fahrzeug ein Hydraulik-Aggregat für die Öffnung der Schiebetüre einge-baut, das wurde bei weiteren Fahrzeugen aus Sicht des Verbrauchs verworfen. Auch bei der Zuführung der Ladelei-tungen wurde variiert. Bei einem blauen SAXI war das vordere Kennzeichen klappbar. Ein gelber SAXI hatte den Anschluss wie oft üblich bei einen „Tankdeckel", Bild 24.

Bild 24 Ladeanschluss durch klappbares Kennzeichen (links), Anschluss durch Tankdeckel (rechts)

Bild 25 Der SAXI findet überall Platz da quer geparkt werden kann

2.2.5 Marketing und geplanter Vertrieb

Der Vertrieb des SAXI sollte u.a. durch die SAV Innovations-technik GmbH & Co Vertriebs KG in Bingen / Hitzkofen erfolgen, welche 1997 gegründet wurde. Im Marketing wurde einiges unternommen, somit wurde der SAXI bei Thomas Gottschalks „Wetten, dass..?" gezeigt, mehrere SAXIS wurden beim FDP Parteitag vorgestellt. Angela Merkel nahm damals als Umweltministerin ebenfalls Platz im SAXI, siehe Bild 26.

Bild 26 Angela Merkel im SAXI (links oben), Sneben Leipziger Straßenbahn (rechts oben), SAXIs vor der Leipziger Messe (unten) [© Thomas Schlegel]

2.2.6 Konkurs und 2. Anlauf der TRAPOS AG

Neben dem Auftrag der Leipziger Messe gab es leider keine weiteren Großaufträge bzw. konnte kein erfolgreiches Vertriebsnetz aufgebaut werden, sodass die TRAPOS AG 1999 Antrag auf Eröffnung des Insolvenzverfahrens stellen musste. Nach der ersten Betriebseinstellung sollte ein zweiter Anlauf versucht werden. Ehemalige Mitarbeiter wurden im 3D-Cad CATIA gesucht und sollten ausgehend von der ersten Serie des SAXIs Optimierungen hinsichtlich der Fahrgastzelle vornehmen. Es war geplant, dass von einem US Hersteller die Motorsteuerungen integriert werden. Im Gegenzug sollte dieser Hersteller als Investor agieren. Die Firma Unique Mobility Europa GmbH wurde dafür im Sommer 1999 gegründet. Leider war dieser zweite Anlauf auch nicht tragfähig und die Idee SAXI scheiterte ein zweites Mal.

2.3 TWIKE

2.3.1 Geschichte

TWIKE I

Der Name TWIKE lässt die Begriffe Trike und Bike, zu Deutsch dreirädriges Motorrad und Fahrrad vermuten. Mit diesen Begriffen kann man gewissermaßen das TWIKE beschreiben, da es drei Räder besitzt und mit Pedalen wie ein Fahrrad angetrieben werden kann. Den Ursprung hat das Ur-TWIKE aus einem Wettbewerb. Zur Expo in Vancouver (Kanada) 1986 gab es den Vehicle Design Competition IVDC Wettbewerb. Dabei nahmen Studierende und Lehrlinge u.a. von der ETH Zürich teil und reichten den ersten Prototypen des TWIKE ein, Bild 27. Erste Designentwürfe gab es jedoch schon 1884 und 1885, Bild 27. Das Vorhaben lief unter dem Projektnamen 50/50. Dahinter steckte der Ansatz, dass ein 50 kg leichtes Fahrzeug in der Ebene zwei Personen mit einer Geschwindigkeit von 50 km/h befördern konnte. Das TWIKE I war somit ein Liegefahrrad umgeben von einer Hülle aus faserverstärkten Kunststoffen. Im Vordergrund stand dabei der Umweltaspekt, da das TWIKE das einzige Gefährt im Wettbewerb ohne Verbrennungsmotor war. Das TWIKE I gewann den ersten Platz im Human Powered Vehicle Speed Championship in der Kategorie alltagstaugliche Fahrzeuge, Bild 27 [TWI-00].

Bild 27 1. TWIKE Designstudie 1884 von Peter Kessinger (links oben), 2. Designstudie 1885 von Peter Kessinger (rechts oben), Ur-TWIKE, Rollout erster TWIKE-Prototyp (links Mitte), TWIKE I 2th International Human Powered Championships 1986 auf Platz 1 der alltagstauglichen Fahrzeuge, Das finale Ur-TWIKE (unten) [© TWI-00]

TWIKE II

Auch beim TWIKE II war eine Art Wettbewerb wieder der Motivationsschub, um Weiterentwicklungen anzustoßen. In der Schweiz fand der Wettbewerb Tour-de-Sol statt, dabei ging es um ein Rennen von Solar- und Elektromobilen. Die damalige Entwicklungsgruppe des TWIKE I hatte wieder Kapazitäten für neue Projekte frei bzw. bekam neue Mitglieder. Zusammen mit der in Schaffhausen ansässigen Alusuisse-Lonza Services AG wurde eine Aluminium-Fahrzeug-Rahmenstruktur entworfen. Neu war, dass ein Gleichstrommotor als Hilfsantrieb zur Verfügung stand. Der E-Motor wurde von NiCd-Batterien gespeist. Das Antriebskonzept des Liegerades wurde weiterverfolgt. Es wurden vorn eine Gabel und hinten Dreieckslenker eingebaut. Zudem wurden ein Zahnriemenantrieb sowie eine stufenlose Pedalübersetzung integriert. Eine besondere Innovation waren Scheibenräder aus einer superplastischen Alu-Legierung. Der Fahrer konnte somit entscheiden, wie viel Muskelkraft er bei seiner Fahrstrecke einsetzen möchte. Beide Antriebsmöglichkeiten waren natürlich emissionsfrei. 1990 bestritt das TWIKE II die alpine Solarmobil-Europameisterschaft ASEM. Von allen Teilnehmern war dabei das TWIKE II das energieeffizienteste Fahrzeug, Bild 28. In Abhängigkeit der Strecke und des Fahrverhaltens erreichte das TWIKE II eine Höchstgeschwindigkeit von ca. 75 km/h und eine Reichweite von 40 - 100 km [TWI-00].

Bild 28 TWIKE II [© TWI-00]

TWIKE III

Ende 1991 wurde die Serienfertigung des TWIKE professionell geplant. Im Januar 1992 wurde in Gelterkinden

(Schweiz) die Firma TWIKE Ltd. als Aktiengesellschaft gegründet. Ein durch das Bundesamt für Energiewirtschaft unterstütztes Förderprogramm für Leicht-Elektromobile ermöglichte es, das TWIKE zu vermarkten und Kunden für eine Pilotserie von 200 Stück zu begeistern. Das TWIKE III wurde innerhalb von zwei Jahren entwickelt, Bild 29. Dabei wurde technologisches Neuland betreten, wie auch bei anderen damaligen E-Fahrzeugprojekten. Es wurden Lenkung, Fahrwerk, Karosserie, Getriebe, Elektronik, Bedienelemente, Spaceframe und vieles mehr komplett neu entwickelt, Bild 30. Im Sommer 1995 wurden die ersten TWIKE III auf dem Hockenheim-Ring vorgestellt. Die Pilotserie wurde bei der Stoppani AG in Auftrag gegeben. Neben der Fahrzeugentwicklung wurde das Vertriebsnetz in der Schweiz und in Deutschland aufgebaut. Eine Kapitalerhöhung der TWIKE AG schaffte die notwendigen finanziellen Ressourcen. Im Verwaltungsrat wurde u. a. Karl Nestmeier mit aufgenommen, welcher auch für die CityEL Fertigung in Deutschland verantwortlich war. 1996 wurden dann 190 TWIKES ausgeliefert. Anfang 1997 wurde das TWIKE im Autosalon in Genf ausgestellt. Im Laufe des Jahres wurde dann die Serienproduktion fortgesetzt und 1998 die gefertigte Stückzahl verdoppelt. Fertigung und Service des TWIKE wurden dezentral aufgebaut. So erfolgten 50 Prozent der Fertigung im TWIKE Kompetenzzentrum, die andere Hälfte wurde bei der Firma S-Lem AG in Travers und Lyss in Auftrag gegeben. Das Serienprodukt wurde TWIKE IIIA genannt. 1999 im Herbst wurde die Fusion der TWIKE AG und der Firma S-LEM S.A. durchgeführt, daraus entstand die SwissLEM AG mit Sitz in Hochdorf (Schweiz).

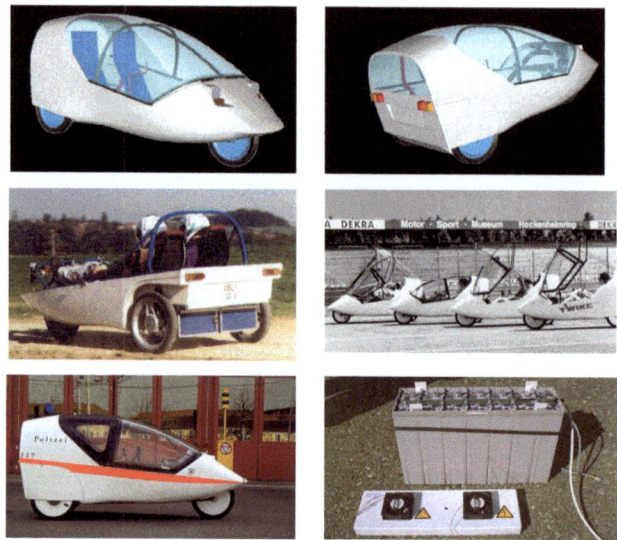

Bild 29 CAD-Entwurf TWIKE III (oben) Testfahrten (links Mitte), auf der Rennstrecke (1995 in Ludwigshafen) (rechts Mitte), Das TWIKE III der Stadtpolizei mit Beschriftung TWIKE 007 in Zürich 1997 (links unten), Batterie mit Mikroprozessor-Überwachung (NiCd-Technologie, Spannung 336 Volt, Kapazität 1 kWh, luftgekühlt) (rechts unten) [© TWI-00]

Bild 30 TWIKE III Seitenansicht (oben), Fahrersicht (links unten), Innenraum (rechts unten) [© Friedrich Pohl]

2.3.2 Umzug nach Deutschland

Bereits 1998 engagierte sich die FINE Mobile GmbH („Forum für intelligente und nachhaltige Elektromobile") mit Sitz in Augsburg für den Import von TWIKES nach Deutschland. Parallel dazu wurde in Deutschland auch eine Produktionslinie aufgebaut. Es wurden aus der Schweiz Bausätze importiert und in Deutschland endmontiert. In Deutschland durften nur Fahrzeuge mit einer Verbundglas-Frontscheibe zugelassen werden. Im Sommer 2002 musste die SwissLEM AG eine Nachlassstundung beantragen. Die FINE Mobile GmbH übernahm die Produktions- und Markenrechte sowie überführte die komplette Fertigung nach Deutschland. Interessant ist hierbei der parallele Verlauf zum CityEL, wobei auch zuerst die Fertigung im Ausland startete und später in Deutschland fortgeführt wurde. Nach der Produktionsübernahme wurden bei der FINE Mobile GmbH zahlreiche Verbesserungen durchgeführt. 2005 wurden neu entwickelte Akkus integriert, somit konnte eine Reichweite von über 130 km erreicht werden. Bereits 2007 wurde die LION-Akku-Technologie eingeführt und somit nochmal die Reichweite auf über 200 km erhöht sowie das Batteriemanagementsystem (BMS) des Akkus optimiert. 2010 wurde für den Wettbewerb Automotive X-Prize das TWIKE 4 als Prototyp konstruiert und schaffte es unter 136 Teams auf Platz 3, Bild 31. 2015 starteten die Entwicklungsarbeiten zum TWIKE 5, Bild 32. 2020 erfolgte die Umbenennung von FINE Mobile GmbH in TWIKE GmbH. In Hochzeiten konnten in Rosenthal jede

Woche ein TWIKE III fertiggestellt werden. Nach Abschluss der Entwicklungsarbeiten sollen jede Woche zehn TWIKE 5 gefertigt werden.

Bild 31 TWIKE 4 auf der x prize [© TWI-25]

Bild 32 TWIKE 5 Innenansicht (links oben), TWIKE 5 Antrieb, VITESCO (rechts oben), Außenansicht TWIKE 5 (links unten), TWIKE Fertigung (rechts unten) [© TWI-25]

2.4 CityEL

2.4.1 Geschichte

Ein Pionier der Elektromobilität war das ursprünglich in Dänemark gefertigte CityEL. Es handelt sich dabei konkret um ein Leichtfahrzeug mit Elektroantrieb und drei Rädern. Ganz grob könnte das CityEL mit einem Kabinenroller verglichen werden. Es hat darin ein Fahrer Platz. Die aufklappbare Kabine kann bei schönem Wetter auch zum Cabrio umfunktioniert werden. Zugelassen wurde das CityEL als richtiger PKW mit 63 km/h oder 57 km/h Version. Es gab jedoch auch eine 45 km/h Version als Leichtkraftrad. Der erste Prototyp wurde 1985 entwickelt. Durch eine staatliche Förderung konnte das Unternehmen EL-Trans AS aus Dänemark das Elektromobil unter der damaligen Bezeichnung Mini-EL City 1987 auf den Markt bringen. Aufgrund eines Rechtsstreits wurde das Fahrzeug 1993 in CityEL umbenannt. Gleichzeitig wechselte der Hersteller, die Firma CityCom übernahm die Produktion und wollte die Fertigung nach Schweden verlegen. Die Verlagerung scheiterte jedoch, sodass 1995 die Produktion eingestellt wurde. Danach kam auch Deutschland wieder ins Spiel. Die Produktion des CityEL wurde ab 1995 nach Bayern in den Ort Aub verlagert. Ab diesem Zeitpunkt fertigte die Firma CityCom Elektromobile GmbH das Fahrzeug. Ende der 2000er Jahre wurden 300 Fahrzeuge pro Jahr gefertigt. Gemäß verschiedener Quellen sollte das CityEL in den 2000er Jahren das weltweit am meisten gefertigte Elektrofahrzeug gewesen sein. 2007 ging die Firma an die Börse und 2009 erfolgte die Umbenennung in Smiles AG. 2012 musste die Smiles AG Insolvenz anmelden. Es erfolgte die Übernahme von der Ellert Rent GmbH. Produktion und Service erfolgte jedoch unter dem bekannten Namen CITYCOM GmbH. 2014 übernahm die Krabat UG die Rechte sowie die Produktionsanlagen des CityEL [KRA-14]. Das letzte Fahrzeug wurde 2018 hergestellt. 2020 wurde dann auch die Krabat UG geschlossen, da inzwischen neuere Konzepte von Leichtfahrzeugen auf dem Markt waren und somit das CityEL nicht mehr konkurrenzfähig war.

2.4.2 Technik

Das Chassis des CityEL besteht aus einer doppelwandigen ca. 15 cm starken Kunststoffwanne, welche im Zwischenraum mit Hartschaumplatten gefüllt ist, um bei einem Aufprall die Energie aufnehmen zu können. Die Kunststoffwanne ist am oberen Rand durch ein Stahlprofil verstärkt. Es hat nur ein Fahrer Platz. Es befindet sich hinter dem Sitz ein Überrollbügel, um den Fahrer bei einem Überschlag zu schützen, Bild 33. Ein Sicherheitsgurt ist natürlich auch vorhanden. Akku und Motor befinden sich im Kofferraum. Zum Ein- und Aussteigen wird die Kabine aufgeklappt, Bild 33. Das CityEL hatte serienmäßig folgende Ausstattung: BMS, Cockpitbeleuchtung, digitales Display mit Tachometer, Drei-Punkt-Sicherheitsgurt, Duplextransmission, EcoControlUnit (ECU), Fahrtrichtungsanzeige, HighComfortSuspension-Federung (HCS), Hochfrequenzladegerät, Lüftungsgebläse mit Defrosterheizung, Not-Aus-Schalter und verstellbare Außenspiegel. Serienmäßig waren die Farben Melonengelb, Reinweiß,

Ultramarinblau, Verkehrsgelb und Verkehrsrot verfügbar. Optional wurde angeboten, jede beliebige Farbe lackieren zu lassen.

Bild 33 CityEL Seite (oben), geöffnete Kabine (links, Mitte), Innenraum (rechts, Mitte), Cockpit (links unten), Batterie und Motor (rechts, unten) [© Charly]

Tabelle 4 Technische Daten CityEL - letzte Ausführung. [KRA-14]

	Einheit	Kenngröße
Abmessungen		
Länge	mm	2741
Breite	mm	1060
Höhe	mm	1260
Radstand	mm	1810
Wendekreis	m	8,5
Bodenfreiheit	mm	120
Gewicht		
Leergewicht mit Batterien	kg	230
Nutzlast	kg	170
Antrieb		
Leistung	kW	4,5 (letzte Ausführung9
Drehmoment	Nm	150
Fahrleistung		
Höchstgeschwindigkeit	km/h	45-120 (abhängig von der Version)
Reichweite	km	60 – 120 (abhängig von der Batterie)
Batterie		
Lithium-Eisenphosphat 48V	Ah	60 – 100
Bremsanlage		
		Hydraulisches Zweikreis-Bremssystem, Trommelbremse

2.5 BMW Elektrofahrzeuge

2.5.1 Einleitung

Ach wenn BMW mit dem i3 sein erstes Elektro-Serienfahrzeug auf den Markt brachte, gab es weitaus früher schon Konzepte für Elektrofahrzeuge. Ausgangspunkt waren u.a. die Olympischen Spiele 1972. Bild 34 zeigt eine Aufstellung der ersten BMW Elektro-Prototypen. Obwohl es auch bei BMW-Prototypenfahrzeuge basierend auf Serienfahrzeugen gab, wurde dieser Abschnitt dennoch im Kapitel „Reine Elektrofahrzeuge" eingeordnet, da die Vorarbeiten im Wesentlichen zum BMW E1 führten.

Bild 34 Aufstellung der BMW Elektrofahrzeuge: von links nach rechts BMW 1602, BMW 325iX (E30), BMW 3er Limousine (E36), BMW E1 (Z15) [© BMW Group]

2.5.2 BMW 1602 Elektro

Die ersten Anstrengungen von BMW bei Elektro-Fahrzeugen erfolgten zeitgleich mit den Olympischen Sommerspielen 1972. Als Plattform diente dabei ein BMW 1602, Bild 35. Das Ziel war es, zu den Olympischen Spielen neben der muskelbetriebenen Kraft der Marathon-Läufer auch ein umweltbewusstes Fahrzeug für die Begleitung und als Kamerawagen zu präsentieren, Bild 36 und Bild 37. Als Energiequelle wurden 12 handelsübliche 12 V Starterbatterien genutzt, dabei konnte eine Gesamtkapazität von 88 Ah bereitgestellt werden.

Bild 35 Explosionszeichnung BMW 1602 Elektro [© BMW Group]

Bild 36 Werbeprospekt: BMW 1602 Elektro [© BMW Group]

Bild 37 Einsatz des BMW 1602 Elektro als Kamerafahrzeug bei den Olympischen Spielen 1972 [© BMW Group]

Bild 38 zeigt wie die Starterbatterien mit einem Kran unter die Motorhaube gehoben wurden. Ein Bosch Gleichstrom-Nebenschluss-Motor mit einer Dauerleistung von 16 kW sowie einer maximalen Leistung von 32 kW trieb das Fahrzeug an und brachte es auf 90 km/h.

Bild 38 Einbau der 12 Starter-Batterien mit einem Kran [© BMW Group]

Der Anschluss zum Laden befindet sich in einer aufklappbaren Niere, Bild 39. Der Gleichstrommotor wurde unterhalb des Cockpits integriert und treibt über eine Kardanwelle die Hinterräder an, wie es bei BMW typisch ist, Bild 35. Elektronikkomponenten und Sicherung wurde unterhalb des Bodens im Kofferraum integriert, sodass der gesamte Kofferraum zur Verfügung stand, Bild 39.

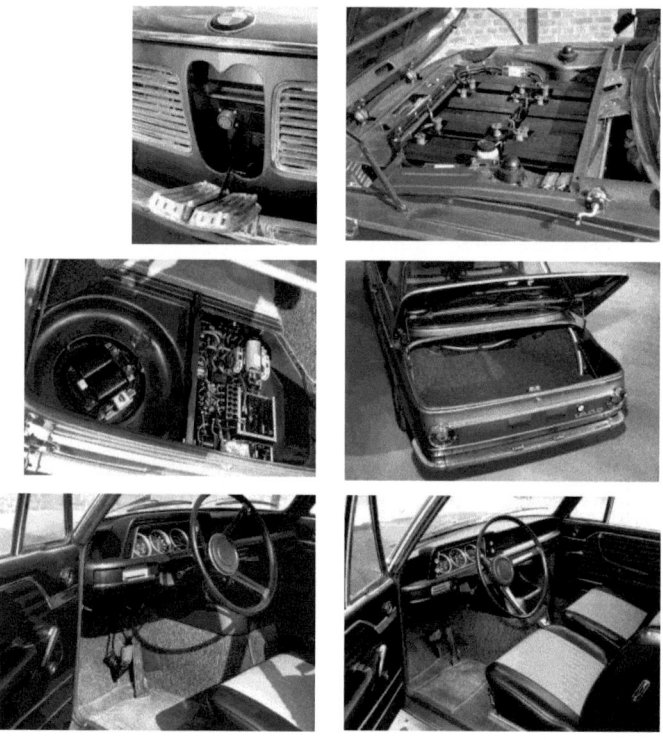

Bild 39 Ladeanschluss in der aufklappbaren Niere (links oben) Elektronik und Sicherungen untergebracht im Kofferraum im Reserveradbereich (links Mitte), Normaler Kofferraum kann ohne Einschränkung genutzt werden (rechts Mitte), Im Fahrerbereich ist kaum zu erkennen, dass es sich um ein Elektrofahrzeug handelt (unten) [© BMW Group]

2.5.3 BMW 325iX

1981 beschäftigte sich BMW gemeinsam mit ABB (Asea Brown Boverie) mit der Entwicklung eines Elektro-Fahrzeugs im Rahmen des Forschungsprojektes „Elektroauto mit Hochenergiebatterie". Basis waren dabei die Arbeiten von ABB bei der Entwicklung einer Natrium-Schwefel-Batterie. Das Projektziel war die Entwicklung eines Antriebsstranges „Batterie-Motor-Steuerung" bis zur Serienreife zu überführen. Als Plattform diente das Basismodell 325iX. Es wurde die Allrad-Version genutzt, wobei nur die Vorderräder angetrieben wurden. Die Kardanwelle und das Hinter-Achsgetriebe entfielen, um Platz für die Batterie schaffen zu können. Die Batterie hatte ein Gewicht von 265 kg, eine Größe von 1,42 m Breite, 0,485 m Länge und 0,36 m Höhe. Es wurden 1987 insgesamt 8 Versuchsfahrzeuge aufgebaut, welche bei Behörden, Post-Zustellung sowie beim Grand Prix für Elektro-Fahrzeuge eingesetzt wurden [BMW-91].

2.5.4 BMW E1 (Z11) Version 1991

Nach den ersten prototypischen Anstrengungen bei den Elektro-Modellen 1602 und 325iX gab es bei BMW 1991 erste Überlegungen ein Elektro Serienfahrzeug zu realisieren. Diese Aktivitäten zu Elektrofahrzeugen begannen auch zu Beginn der 90er Jahre. BMW entwickelte bereits 1991 den E1, welcher zuerst auf der IAA 1991 als Konzeptstudie vorgestellt wurde, Bild 40. Das silberne Fahrzeug mit dem Kennzeichen M–W 711 war ein 4 sitziges reines Elektro-

Fahrzeug mit einer Länge von 3,46 m, intern als Z11 sowie auch als Ur-E1 bezeichnet. Der Elektromotor hatte eine Leistung von 32 kW. Der Motor wurde direkt auf die Hinterachse gesetzt und über eine einfache Übersetzung mit den Hinterrädern verbunden, Bild 43. Die Natrium / Schwefel-Hochenergiebatterie hatte ein Gewicht von 200 kg bei Abmessungen von 45 cm Breite, 90 cm Länge, 35 cm Höhe und wurde unter den Hintersitzen untergebracht, Bild 41. Die Batterie hatte eine Spannung von 120 V bei 22 kW/h.

Der E1 hatte eine Leermasse inkl. Batterie von 900 kg und konnte bei einem Drehmoment von 140Nm von 0 auf 50 km/h in 6 s sowie von 0 auf 80 km/h in 18 s beschleunigen. Es konnte dabei eine Höchstgeschwindigkeit von 120 km/h erreicht werden. Je nach Fahrweise wurde eine für damals beachtliche Reichweite von 180 km bis 250 km angegeben. Die Struktur der Bodengruppe bestand aus Aluminium und die Außenhaut aus recyclebarem Kunststoff. Im damaligen Werbeprospekt wurde jedoch bereits darauf hingewiesen, dass die verfügbaren Hochleistungs-Batterien für eine Serienreife eine zu geringe Lebensdauer aufwiesen [BMW-91]. Der 1991 gefertigte Prototyp E1 (Z11) wurde jedoch durch einen Brand zerstört.

Bild 40 Elektroautostudie BMW E1 [© BMW Group]

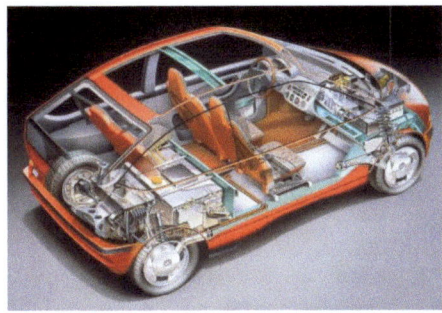

Bild 41 BMW E1 – Röntgengrafik [© BMW Group]

Bild 42 Aufbau des BMW E1 (links oben), Leichtbau der Zelle (rechts oben), Explosionszeichnung BMW E1 aus: Werbemotiv "BMW: Motoring in Unison with the World" (links unten), Prototyp für Fahrdynamik-Versuche des BMW E1 (rechts unten) [© BMW Group]

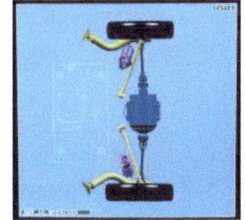

Bild 43 Elektroantrieb des BMW E1 (Z11) (links), Technische Zeichnung Hinterachse inkl. Antrieb (rechts) [© BMW Group]

2.5.5 BMW Elektro-3er

Wie aus dem Prospekt des E1 Baujahr 1991 [BMW-91] hervorgeht, wurde auch ein blaues Fahrzeug mit dem Kennzeichen M KM 8650 aufgebaut. Basis für den Prototyp war die 3er Reihe, Bild 34. Bei diesem Fahrzeug wurden die Batterien hinsichtlich ihrer Kapazität im Fahrzeug zu 2/3 (Front) und 1/3 (Heck) aufgeteilt. Die Hauptbatterie wurde in der Front integriert und hatte eine Spannung von 120 V bei 19 kW. Die zweite Batterie befand sich im Kofferraum und hatte bei einer Spannung von 60 V eine Kapazität von 9kWh. Als Motor wurde ein Gleichstrommotor mit 17 kW Dauerleistung und 23 kW Spitzenleistung integriert. Der Elektromotor inkl. Steuerung wurde in der Fahrzeugfront mit einen 2-Gang-Schaltgetriebe integriert. Der Antrieb wirkte, wie bei BMW sonst üblich, mittels Kardanwelle auf die Hinterräder. Die Reichweite wurde mit 150 km angegeben. Es sollte eine Höchstgeschwindigkeit von 115 km/h erreicht werden. Von 0 auf 50 km/h wurde in 9 s beschleunigt. Hinsichtlich der Sicherheit hatten die Konstrukteure zwischen der Front-Batterie und Kühlergrill ein Crash-Element integriert. Es wurde auf ein Reserverad verzichtet und in dieser Mulde wurden dafür das Ladegerät, der Batteriecontroller und der DC/DC-Wandler integriert. Ein Entwicklungsziel war das vollelektronische Antriebsmanagement, welches das Laden (220 V), das Batteriemanagement und den Antrieb sowie den Fehlerspeicher überwachte. Die von ABB entwickelte Natrium-Schwefel-Batterie hatte eine ca. dreifache Energiedichte gegenüber herkömmlichen Bleibatterien. Die Batterie hatte eine Systemspannung von 180 V und bestand aus 360 Einzelzellen, welche jeweils in 4 parallelen Strängen zu jeweils 90 Zellen zusammengeschaltet wurden. Die Besonderheit bei dieser Batterie ist, dass diese auf das Konzept von flüssigem Schwefel und Natrium, getrennt durch ein keramisches Elektrolyt, basiert. Für dieses Funktionsprinzip ist es wichtig, die Batterie mindestens auf einer Temperatur von 285 °C zu halten (optimal wäre 300 °C – 330 °C). Primär wird diese Wärme durch Ladung/Entladung und Isolation realisiert. Wenn das Fahrzeug länger steht, wird die Wärme durch eine 200 W Heizung zugeführt. Also ähnlich wie bei den aktuellen Lithium-Ionen Akkus, nur dass diese sich mit einer Temperatur um die 25 °C begnügen. Die Zyklenzahl wurde mit um die 1000 angegeben. Die Ladezeit bei einer 220 V Steckdose beträgt 12 h. Bei einer Schnellladung sollte es auch in 2h möglich sein.

2.5.6 BMW E1 (Z13) Baujahr 1993

Das Konzept Z11 wurde 1993 weiterverfolgt und zuerst ein Verbrennungsantrieb eingebaut. Diese Studie wurde intern als Z13 bezeichnet, Bild 44. Ebenfalls wurden 1993 zum Z13 noch eine Elektro-Variante sowie ein Hybrid realisiert. Für alle 3 Varianten war das in Leichtbauweise erstelle Chassis vorgesehen. Es wurde Wert auf große Fensterflächen gelegt, um eine gute Rundumsicht zu gewährleisten. Durch eine abgesenkte Heckklappe bis hin zum Stoßfänger ist ein bequemes Beladen gut möglich. Wie beim Z11 wurde in der Elektro-Variante des E1 (Z13) ein für BMW entwickelter permanent erregter Wechselstrom-Drehfeldmotor mit 32 kW Dauerleistungen und ein Drehmoment von 150 Nm verbaut. Eine entsprechende Elektronik koordiniert aktuelle Fahrbefehle und Batteriedaten, um einen effizienten Umgang der zur Verfügung stehenden Antriebsenergie zu ermöglichen. Rekuperation war somit auch schon gegeben. Die Hochenergiebatterie wurde unter den Rücksitzen untergebracht und erreiche zur damaligen Zeit beachtliche Reichweiten von 160 km bis im Idealfall 265 km. Im Prospekt wurde die Lebensdauer mit 5 Jahren angegeben, danach wäre Recycling zu 100 % möglich. Geladen werden konnte an einer konventionellen Steckdose mit einer Dauer von 6 – 8 Stunden. An damaligen speziellen Stromtankstellen sollte auch eine Aufladung in nur 2 Stunden möglich sein. Der E1 (Z13) verfügte über eine neues Elektronik-Konzept. Ziel war dabei über einen modularen Aufbau besonders wartungsfreundlich zu sein. Das Konzept besteht aus zwei Hauptmodulen. Die Information-Management-Elektronik steuert mehrere dedizierte Peripherie-Module. Alle Fehler und Anzeigen werden an die Instrumente im Cockpit weitergereicht. Die zweite Komponente ist das Zentrale-Leistungs-Modul. Diese Komponente steuert alle Stromverbräuche um insgesamt eine effiziente Energiebilanz erreichen zu können. Beide Module wurden so redundant aufgebaut, dass das andere Modul Funktionen übernehmen kann. Ein besonders innovativer Ansatz war, dass die Abwärme von Elektronik-Komponenten so genutzt wurde, dass die Heizung dabei unterstütz wurde. Der E1 (Z13) wurde in einer neuartigen Profilbauweise konstruiert. Der Rahmen bestand aus verschweißten Aluminium-Strangpressprofilen und bildete somit die Fahrgastzelle [BMW-93].

Bild 44 BMW E1 (Z13) in verschiedenen Ansichten [© BMW Group]

Tabelle 5 Technische Daten BMW E1 (Z13) in EU-Version [BMW-93]

	Einheit	Kenngröße
Abmessungen		
Länge	mm	3674
Breite	mm	1640
Höhe	mm	1490
Radstand	mm	2450
Wendekreis	m	8,7
Gewicht		
Leergewicht	kg	900
Batteriegewicht (Na-NiCl2)	kg	200
Antrieb		
Leistung	kW	32 (Dauer) / 37 max.
Getriebeübersetzung		6.9 :1
Drehmoment	Nm	150
Fahrleistung		
Höchstgeschwindigkeit	km/h	125
Reichweite Stadtverkehr	km	ca. 155
Reichweite mit Klimaanlage	km	ca. 94
Reichweite bei konstant 50km/h	km	ca. 265
Reichweite bei konstant 80km/h	km	ca. 170
Beschleunigung 0 – 50 km/h	s	ca. 5,6
Beschleunigung 0 – 80 km/h	s	ca. 12,7

3 Auf Elektro angepasste Serien-fahrzeuge

3.1 Volkswagen

3.1.1 VW T2 Elektrotransporter

Wenn man heute VW und Elektromobilität zusammenbringt, dann ist meistens der erste Gedanke an die reinen E-Fahrzeuge mit der Bezeichnung I.D. Die Geschichte der E-Mobilität startete bei Volkswagen jedoch bereits in den 1970er Jahren. Ein erster Prototyp war jedoch kein PKW sondern einer der beliebten Transporter, konkret ein T2 Elektro-Transporter. Antrieb für die Pionierarbeiten bei Volkswagen war die damalige Öl-Krise. Volkswagen gründete 1970 dafür die Abteilung „ZUKUNFTSFORSCHUNG". Die Abteilung mit anfänglich 10 Mitarbeitern präsentierte bereits 1972 den elektrifizierten T2. Bei dieser Entwicklung waren die Firmen Bosch, Varta und RWE involviert. Die Batterien wurden bei diesem Fahrzeug unter der Ladepritsche mit einem Gabelstapler wie bei einer Schublade ein- bzw. ausgebracht, siehe Bild 45. Der T2 Elektrotransporter hatte eine Reichweite von ca. 50km. Es wurden davon im Nutzfahrzeugwerk Hannover 70 Exemplare gefertigt und gemeinsam mit dem Energieversorger RWE erprobt. 1977 wurde dann der Volkswagen Elektrotransporter auf der IAA als offiziell bestellbares Fahrzeug vorgestellt. Beworben wurde der Transporter mit dem Slogan „Null Liter auf 100 Kilometer" mit Bezugnahme auf die Öl-Krise. Das Fahrzeug wurde in den Aufbauvarianten Pritsche, Kastenwagen und achtsitziger Bus angeboten. Leider blieb der Erfolg aus und der Umfang der Fahrzeuge blieb bei 20 Stück [NEU-17].

Bild 45 VW T2 Pritsche mit seitlicher Schublade zum Einbringen der Batterien [© Volkswagen Aktiengesellschaft]

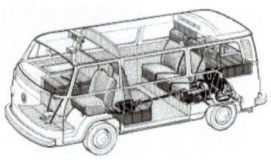

Bild 46 T2 als Kastenvariante mit seitlichen Batteriefach (links oben), T2 Heckansicht (rechts oben), T2 als achtsitziger Taxi-Bus in Explosionsdarstellung (unten) [© Volkswagen Aktiengesellschaft].

Tabelle 6 Technische Daten T2 Elektro-Transporter [NEU-17]

	Einheit	Kenngröße
Motor		
Max. Leistung	kW/PS	
Beschleunigung	0-50Km/h in s	ca. 12
Höchstgeschwindigkeit	km/h	75
Akku	kWh	23,8 kWh
Reichweite	km	50-80

3.1.2 VW Elektro-Golf 1

Nur zwei Jahre nach der Einführung des Golf 1 gab es 1976 bereits eine elektrisierte Variante. Auch ausgelöst durch die Öl-Krise wurde entschieden den ersten Golf zu elektrisieren. Verantwortlich für den Umbau war BBC, später ABB in Mannheim und RWE. Statt des 75 PS Benzinmotors wurde ein Gleichstrommotor an das vorhandene 4-Gang Getriebe montiert. BBC integrierte einen analogen Umrichter. Es wurden 16 6 V Blei Batterien integriert. Ein Board-Ladegerät ermöglichte eine Aufladung an einer 220 V Steckdose innerhalb von ca. 12 Stunden. [NEU-17]. Zur Kennzeichnung wurde unter das Wort Golf ein E für Elektro angebracht. Der Ladeanschluss wurde hinten rechts im Tankverschluss integriert, Bild 47 und Bild 48.

Bild 47 Elektro Golf 1 Heckansicht [© Volkswagen Aktiengesellschaft]

Bild 48 Elektro Golf I seitlich (links oben), Ladeanschluss (rechts oben, links unten), Ansicht der Blei-Batterien unterhalb des Kofferraumbodens (rechts unten) [© Volkswagen Aktiengesellschaft]

Tabelle 7 Technische Daten 3.1.2 VW Elektro-Golf 1 [NEU-17]

	Einheit		Kenngröße
Motor			
Max. Leistung	kW/PS		24/33
Beschleunigung	0-50Km/h in s		ca. 13
Höchstgeschwindigkeit	km/h		100
Blei-Säure Batterie	kWh		11,4 kWh
Reichweite	km		ca. 60

3.1.3 VW Golf I CitySTROMer

Weiterführend zum ersten Golf I Elektro wurde das Projekt CitySTROMer ins Leben gerufen. Für dieses Vorhaben gründete VW mit RWE die Gesellschaft für elektrischen Straßenverkehr" (GES). 1981 wurden zuerst 20 Fahrzeuge gefertigt, zum Schluss entstanden insgesamt 25 Prototypen. Diese Fahrzeuge wurden einerseits im Flottenverband sowie auch durch Mitarbeiter von RWE erprobt. Gegenüber Vor-gängern waren 4 vollwertige Fahrzeuge vorhanden. Das Fahrzeug hatte mit den Blei-Akkus ein Gewicht von 1,5T. Es wurde eine Reichweite von 60 km erreicht. [NEU-17].

Tabelle 8 Technische Daten Golf I CitySTROMER [NEU-17]

	Einheit	Kenngröße
Motor	Bauart	Elektromotor-Vorderachse
Max. Leistung	kW/PS	20/27
Beschleunigung	0-50km/h /s	ca. 13
Höchstgeschwindigkeit	km/h	80
Blei-Säure Batterie	kWh	13,4 kWh
Reichweite	km	ca. 50

3.1.4 VW Elektro-Golf II CitySTROMer

Nach ersten Erfahrungen mit den T2 und den Elektro-Golf I wurde 1985 der auf den Golf II basierte CitySTROMer vorgestellt. Es wurde zum Großteil auf die erprobte Technik des Elektro-Golf I zurückgegriffen. Die Antriebssteuerung wurde gemeinsam mit ABB konzipiert. Bild 49 zeigt einen komplett zerlegten Golf II sowie entsprechende Einzelteile.

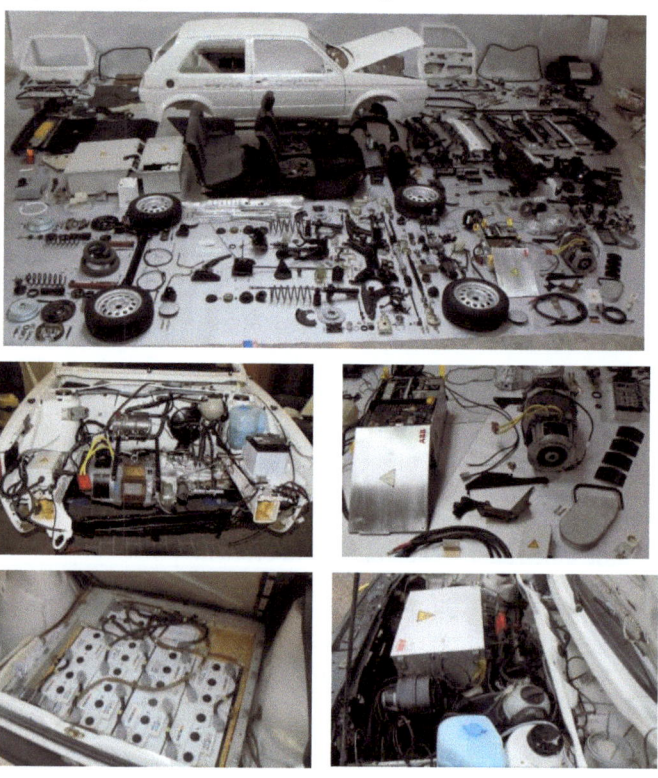

Bild 49 Golf II CitySTROMER zerlegt mit allen Teilen (oben), Motorraum mit Gleichstrommotor (links Mitte), Steuerung und Motor einzeln (rechts Mitte), Batteriefach (links unten), Motorraum mit eingebauten Komponenten (rechts unten) [© Alexander Herold]

Das Ladekabel wurde in einer Klappe im Kühlergrill unterge-bracht. Auch der Elektro-Golf II galt es alltagstauglich, es wurden davon 70 Exemplare gefertigt. Die gefertigten Exemplare wurden Energieversorgern bereitgestellt und anschließend konnten diese Exemplare an Privatpersonen weitergegeben werden.

Tabelle 9 Technische Daten Elektro-Golf II [[NEU-17]

	Einheit	**Kenngröße**
Motor	Bauart	Elektromotor-Vorderachse
Max. Leistung	kW/PS	24 / 33
Beschleunigung	0-50km/h in s	ca. 13
Höchstgeschwindigkeit	km/h	100
Blei-Säure Batterie	kWh	11,4 kWh
Reichweite	km	ca. 60

Parallel zu den Entwicklungen des Golf II CitySTROMER mit Gleichstromantrieb wurde durch Roland Gaber bei Siemens in Kassel ein Golf II elektrifiziert, Bild 50. Dabei wurde bereits ein Synchronmotor eingesetzt. Damals standen noch keine geeigneten Drehstrommotoren für E-Fahrzeuge zur Verfügung. Es wurde dafür von der Firma Siemens in Bad-Neustadt an der Saale ein verfügbarer Synchron-Motor von 600 V DC auf 96 V DC umgewickelt. Bild 51 zeigt die Motor-Getriebeeinheit des Golf II sowie das Energieflussdia-gramm.

Bild 50 Golf II mit Siemens wassergekühlter Synchron Antriebstechnik [©
Roland Gaber]

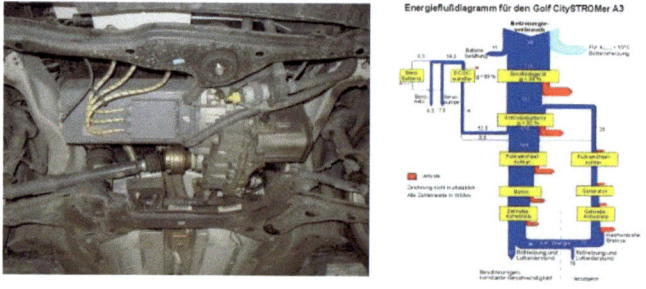

Bild 51 Fahrzeugunterseite Golf II mit Synchronmotor (links), Energiefluss-
diagramm Golf CitySTROMER [© Roland Gaber]

3.1.5 Elektro-Golf III CitySTROMer

Gemeinsam mit der Einführung des Golf III wurde in Koope-
ration mit Siemens der serienmäßige Golf III elektrifiziert.
Die Historie zur Entwicklung des Golf III CitySTROMer`s
war eng mit den Vorarbeiten von Herrn Roland Gaber zum
Golf II mit Synchronmotor verknüpft. In 1990 gab es eine
Anfrage von Volkswagen an Siemens Würzburg zur Elektri-
fizierung des neuen Golf III. Das Vorhaben wurde an Herrn
Gaber herangetragen, welcher darauf verwies, dass er in bei

Siemens Kassel einen Golf II mit Synchronmotor umgebaut hatte, was natürlich als ein Fortschritt gegenüber dem Golf II mit Gleichstromantrieb anzusehen war. Herr Gaber wechselte somit zu Siemens Würzburg und arbeitete in einer Projektgruppe von 30 – 35 Mitarbeitern, welche die Komponenten wassergekühlter Drehstrom-Synchronmotor mit Stromrichter, On-Board Ladegerät wassergekühlter DC/DC-Wandler für die Automobilindustrie entwickelten. Seinerzeit standen bewährte Blei-Gel Batterien der Firmen Varta und Sonnenschein zur Verfügung. Wie zur damaligen Zeit bei Fahrzeugen üblich, wurde eine Diesel-Standheizung D5W der Firma Eberspächer integriert. Der Golf III CitySTROMer war somit das erste Elektrofahrzeug, welches im VW-Fahrzeugwerk in Zwickau gefertigt wurde. Die Fertigung erfolgte von 1993 – 1996, dabei wurden 120 Fahrzeuge hergestellt Bild 52.

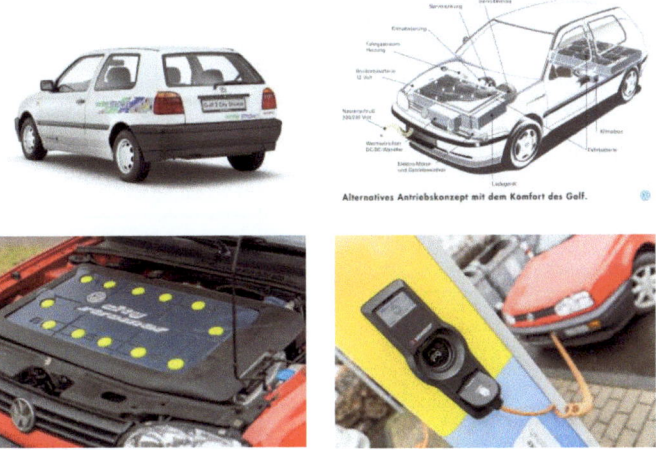

Bild 52 Golf III CitySTROMER Seitenansicht (links oben), Explosionszeichnung (rechts oben), Ansicht auf Umrichter (links unten), Ladeanschluss in Stoßstange (rechts unten) [© Volkswagen Aktiengesellschaft]

Tabelle 10 Technische Daten Golf III CitySTROMER [NEU-17]

	Einheit	Kenngröße
Abmessungen		
Länge	mm	4020
Breite	mm	1695
Höhe	mm	1425
Radstand	mm	2475
Spurbreite	mm	1450
Wendekreis	m	10,7
Gewicht		
Leergewicht inkl. Batterien	kg	1514
Zulässiges Gesamtgewicht	kg	1860
Antrieb		
Leistung	kW / Ps	20 / 27
Motor		Wassergekühlter Siemens Synchron-Elektromotor
Batterien		
Blei-Gel	V	6 (16 Module /180Ah, 13,9KWh)
Bordnetz	V	96
Laden		
Ladedauer	h	1,5 (auf 80%)
Fahrleistung		
Höchstgeschwindigkeit	km/h	100
Reichweite bei 50km/h	km	70 – 90
Reichweite bei 80km/h	km	60 – 80
Beschleunigung	0–50 km/h /s	ca. 13
Verbrauch (Stadtzyklus)	kWh auf 100km	26

3.2 Mercedes-Benz

3.2.1 Einführung

Wie bereits erwähnt wurde, gab es Elektro-Fahrzeuge schon um das 19 Jahrhundert. Bild 53 wurde von der Mercedes Benz AG bereitgestellt und zeigt erste PKWs, Kranken- sowie Lastwagen.

Bild 53 Elektro-PKW (links oben), Krankenwagen (rechts oben), Elektro-Lastwagen (unten) [© Mercedes-Benz AG]

3.2.2 Elektro-Transporter LE 306

Bereits 72 zu den Olympischen Spielen in München 1972 stellte Mercedes Benz einen elektrisch betriebenen Leichttransporter bereit. Es wurde ein Gleichstrommotor mit einer Leistung von 35 bis 56 kW eingesetzt. Die Batterie wog 860 kg und versorgte mit einer Kapazität von 22 kWh, bei einer Spannung von 144 V, den Motor. Damit konnte der Transporter bis zu 80 km/h bei einer Reichweite zwischen 50 – 100 km fahren. Innovativ war damals, dass die Batterien gewechselt werden können, was nicht länger als die Zeit von einem Tankvorgang in Anspruch nimmt, Bild 54. Das Verfahren nannte sich Durchschiebe-Querwechseltechnik [SOM-20].

Bild 54 Elektro Transporter LE-306 mit Durchschiebe-Querwechseltechnik (links), Transporter von rechts (rechts) [© Mercedes-Benz AG]

3.2.3 T-Modell mit Elektroantrieb

Der erste batteriebetriebene Forschungs-Pkw von Mercedes Benz war 1982 ein umgerüstetes T-Modell der Baureihe 123. Es wurde ein 41 Ps Elektromotor integriert, im Kofferraum konnten die Batteriemodule eingeschoben werden, Bild 55. Der Elektromotor wurde auch im Frontbereich integriert, Bild 56.

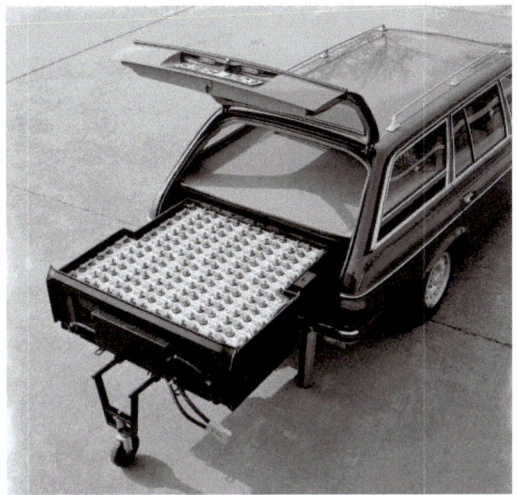

Bild 55 Mercedes-Benz T-Modell der Baureihe 123 mit Einschub der Batterien von hinten [© Mercedes-Benz AG]

Bild 56 T-Modell Motorraum mit Elektroantrieb (links), Kofferraum mit verschlossener Batteriebox (rechts) [© Mercedes-Benz AG]

3.2.4 Mercedes 190 E Elektro

In den 90er Jahren rüstete Mercedes Benz sein damals kleinstes Fahrzeug den 190 (W 201), als Versuchsfahrzeug auf Elektro-Antrieb um, Bild 57. Das Versuchsfahrzeug wurde erstmals 1990 in Mai zur Hannover Messe ausgestellt. Zur Erprobung der Alltagstauglichkeit wurden 10 Versuchsfahrzeuge auf der Insel Rügen eingesetzt. Weitere Fahrzeuge wurde im Raum Stuttgart betrieben. Ziel war es die damals verfügbaren Batterien und Energie-systeme im Alltag zu testen. Es wurden Fahrzeuge in verschiedenen Nutzungssituationen eingesetzt. Ein Taxi erreichte innerhalb eines Jahres sogar die 100.000 km Marke. Der Antrieb erfolgte auf die Hinterräder durch zwei permanent erregte Gleichstrommotoren. Jeder Motor hatte eine Leistung von 22 Ps. Es war eine gute Alltagstauglichkeit gegeben, das 5 Sitzplätze verfügbar waren und der Kofferraum komplett genutzt werden konnte. Es wurden auch die damals standardmäßig eingesetzten aktiven und passiven Sicherheitssysteme eingesetzt inkl. ABS und Airbag. Drei Fahrzeuge wurden mit einer Nickel-Cadmium-Batterie, zwei mit einer Natrium-Schwefel-Hochenergiebatterie und fünf mit Natrium-Nickelchlorid-Hochenergiebatterien ausgestattet [PET-23].

Bild 57 190 E Vorn (links oben), Sicht auf den Motorraum (rechts oben), von hinten (links unten), Ladesäule (rechts unten) [© Mercedes-Benz AG]

3.2.5   Mercedes-Benz C-180 Elektroauto

Der Nachfolger des MB 190 (W201) war ab 1993 die C-Klasse (W 202). Der C180 wurde auch als E-Fahrzeug realisiert, Bild 58. Bild 59 zeigt die Explosionszeichnung der C-Klasse. Es wurde ein Asynchron-Elektromotor von AEG im Frontbereich integriert welcher über eine Kardanwelle die Hinterräder antreibt. Die von AEG bezogene Hochenergiebatterie wurde jeweils in Front- und Heckbereich aufgeteilt. Die Elektroniken wie Ladegerät, Motorsteuerung und Batteriemanagement wurden ebenfalls im Frontbereich integriert.

Bild 58 Mercedes-Benz C 180 Elektroantrieb [© Mercedes-Benz AG]

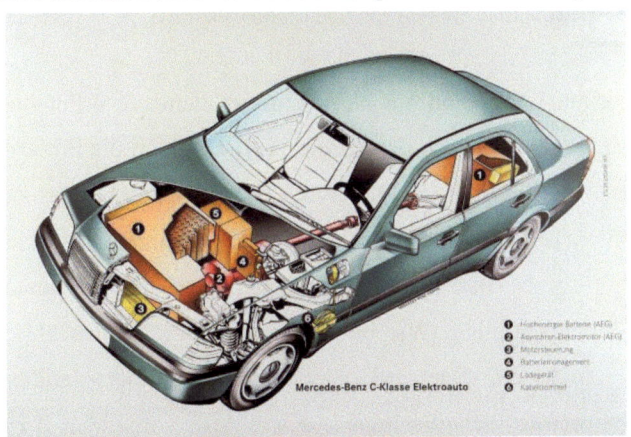

Bild 59 Explosionszeichnung Mercedes-Benz C-Klasse Elektroauto [© Mercedes-Benz AG]

95

3.2.6 Vision A93

Ähnlich wie auch BMW beim E1 arbeitete auch Mercedes-Benz an einem kleinen Fahrzeug, welches wahlweise mit Verbrenner (Benzin oder Diesel) sowie aber auch mit einem 25 kW (Dauer) / 40 kW (Spitzenleistung) Asynchronmotor ausgestattet wurde. Vorgestellt wurde das Fahrzeug erstmalig 1993 zur IAA Frankfurt, Bild 60.

Bild 60 Konzeptstudie Vision A93 [© Mercedes-Benz AG]

Bei einer Länge von nur 3,35 m finden dennoch 4 Personen Platz. Im unteren Teil der Karosse befinden sich die Batterien mit einer Kapazität von 32 kWh. Die Karosserie besteht zum größten Teil aus Aluminium. Obwohl das Fahrzeug sehr klein ist, bringt es 1000 kg auf die Waage, wobei 300 kg auf die Batterien entfallen. Wie bei Mercedes Benz damals üblich, war auch die Standard Ausstattung wie Servolenkung, Servobremse, Scheibenbremse sowie ABS vorhanden [FER-93].

3.3 ATW Ligier Optima II Elektro

Der bis heute gut bekannte französische Hersteller von Moped-Autos hatte auch in der gleichen Zeitschiene, Anfang der 90er Jahre, ein Serienfahrzeug elektrifiziert. Konkret wurde der Ligier Optima 2 als Elektrofahrzeug angeboten. Aus der Sicht des Autors ist es besonders interessant, dass Antrieb und Steuerung ähnlich zum Hotzenblitz aufgebaut worden. Es liegt natürlich auf der Hand, dass damals die Verfügbarkeit solcher Komponenten sehr überschaubar war. Als Umrichter wurde somit ein Genlab VPA230 sowie als Antrieb ein 12 kW Asynchronmotor der Firma Thien DKF 112 M verbaut. Das 2,49m lange und 1,4m breite Auto wurde damals auch entsprechend hochpreisig angeboten. Der Einstiegspreis belief sich damals auf 27.200 DM (OPTIMA 10L), am oberen Ende wurde der OPTIMAX 20GL für 29.959 DM angeboten. Dieser Preis beinhaltete jedoch noch keine Batterien. Laut Programmübersicht von 1992 wurden die Varianten OPTIMA 10L, 15L, 15GL, 20GL, 20GLS, 25GLS sowie OPTIMAX 15L und 20GL angeboten.

Es wurden damals drei verschiedene Batterie-Pakete angeboten. Für den OPTIMAX 20GL kostete das Standard-Paket 2390 DM, das Power-Batteriepaket konnte man für 3850 DM sowie ein Long-Live-Paket für 6200 DM erwerben. Die Batterien wurden je nach Ausstattungsvariante unter den beiden Sitzen oder unterm Kofferraum untergebracht, Bild 61 [FRI-93].

Bild 61 Ligier Optima II gesamt (oben), Cockpit (links unten), Innenraum mit Batterien unter den Sitzen (rechts unten) [© Martin Winter]

Serienausstattung

Zur Serienausstattung aller Modelle gehörten Innenbeleuchtung mit Türkontaktschaltern, Handbrems-Kontrollleuchte, Rückfahrscheinwerfer und Nebelschlussleuchte, zweistufiger Einarmscheibenwischer, elektromotorisch betätigte Scheibenwaschanalage. Abhängig von Fahrzeug waren die Standardfarben weiß, gelb, rot, grün und grün metallic verfügbar.

Folgende Sonderausstattung konnte geordert werden:

Sonderausstattung	Preis in DM
Solardach mit Ladeanzeige	5400
Digitalanzeigegerät: Energiereserve A, V	1200
Sitze und Türverkleidungen im Leder	1500
4 Leichtmetallräder (alternativ)	1900
Heizbare Heckscheibe	520
Scheinwerferreinigungsanlage	480
Schultern-Höhenverstellung-Sicherheitsgurte	740
Heckspoiler am Dach	640
Seitenscheiben (Optimax) hinten	700
Ausstellbares Sonnendach getönt	490
Stereoradio mit Kassettenteil	750
Kindersitz (im Heckraum)	500
Netzstromzähler (A, V, KWh, DM	580

Tabelle 11 Technische Daten Ligier Optima 2 Elektro [LIG-92]

	Einheit	Kenngröße
Abmessungen		
Länge	mm	2490
Breite	mm	1400
Höhe	mm	OPTIMA: 1470 OPTIMAX 1500
Wendekreis	m	8,5
Gewicht		
Leergewicht incl. Batterien Abhängig vom Batteriepaket	kg	OPTIMA 10L ca. 590/630 OPTIMAX 20GL ca. 690/750
Nutzlast	kg	OPTIMA 10L 270 OPTIMAX 20GL 350
Antrieb		

Dauerleistung	kW	OPTIMA 10L 7 OPTIMAX 20GL 12
Getriebe		Einblock Reduzier-getriebe mit Differential
Motor		Drehstrom-Asynchron-Motor mit Rekuperation
Batterien		
Variante 1: 10, 12, 14 Blei-Säure-Batterien (ca. 20 kg / Batterie)	V / Ah	12 / 55
Variante 2 10, 12, 14 Blei-Vliestaschen-Batterien (ca. 23 kg / Batterie)	V / Ah	12 / 60
Variante 3 10, 12, 14 Blei-Gel-Batterien (ca. 21 kg / Batterie)	V / Ah	12 / 55
Laden		
Ladegerät	V / kW	230 / 2,4
Ladedauer	h	8 - 11
Fahrleistung		
Höchstgeschwindigkeit	km/h	85 - 125
Reichweite	km	65 - 120
Beschleunigung	0 – 50 km/h in s	12 bis 15
Verbrauch	kWh auf 100km	ca. 10 – 15
Anfahrsteigfähigkeit	%	20
Bereifung		
Räder		Stahlfelgen 3,5 x 10 Zoll, Radialrei-

3 Auf Elektro angepasste Serienfahrzeuge

		fen 145 R10
Fahrgestell / Fahrwerk		

Frontantrieb, Einzelradaufhängung vorne und hinten an Dreieckslenkern mit Schraubenfedern und innenliegenden Stoßdämpfern, Stabilisator vorne bei den GL/GLS Modellen.

Bremsanlage		

Hydraulisches Zweikreisbremssystem mit Bremskraftverstärker, vorne Scheiben-, hinten Trommelbremsen.

Karosserie

Glasfaserverstärkter Kunststoff, Monocoque Bauweise, durch einlaminierte Stahlrohre versteift. A-B-C-Säulen massiv. Crash Test geprüft nach ECE Norm. Bodenplatte mit drei verbundenen temperaturisolierten, beheizbaren Batterietrögen für max. 14 Batterien.

4 Elektro-Fahrzeuge auf zwei Rädern

4.1 Simson Elektro-Rollstuhl

4.1.1 ERS 10

Zu Beginn sei erwähnt, dass ein Elektro-Rollstuhl neben den zwei Antriebsrädern noch 2 Stützräder besitzt. Aufgrund seiner Geschichte soll der Elektro-Rollstuhl in dieser Kategorie mit aufgeführt werden. In der DDR waren bis Mitte der 80er Jahre keine eigenen Elektro-Rollstühle verfügbar. Zuvor wurden Rollstühle von der Firma Meyra aus der BRD kostenintensiv über Divisen importiert. Das IFA-Kombinat für Zweiradfahrzeuge wurde von der Regierung deshalb beauftragt ein eigenes Produkt zu entwickeln unter der Bezeichnung „NSW-Importablösung". Zuerst wurde ein relativ einfacher E-Rollstuhl in Anlehnung an einen motorlosen Rollstuhl entwickelt. Die Motorsteuerung war dabei sehr einfach ausgeführt. Es wurde ein Motor mit 0,25 kW von VEB Elektromaschinen und Anlagenbau Leipzig vom Typ L3A/K mit 1800 U/min integriert. Der Rollstuhl hatte ein 1-Gang Getriebe mit Differential, Bild 62.

Bild 62 ESR10 vorn (links oben), ERS hinten mit Batterien (rechts oben), Steuerung (links, Mitte), Rollstuhl-Antrieb (rechts, Mitte), Motor (links unten), Typenschild Exponat Fahrzeugmuseum Suhl (rechts unten)

Der ERS 10 hatte eine Elektromagnetische Sicherheitsbreme + Generatorbremse mit Energierückgewinnung.

Beim ERS10 konnte die Geschwindigkeit, vorwärts- und rückwärts sowie die Lenkung nach links und rechts eingestellt werden. Ebenfalls konnte das Licht angeschaltet werden und die Hupe betätigt werden. Der ERS10 wurde zwischen 1983 und 1986 im IFA-Kombinat für Zweiradfahrzeuge VEB Kettenfabrik Barchfeld hergestellt. Die Antriebseinheit wurde im Simson-Werksteil Schwarza produziert. 1883 wurden in Barchfeld 50 Rollstühle produziert. Neben der laufenden Produktion begann die Entwicklung des Nachfolgemodells.

Tabelle 12 Technische Daten ESR10 [SCH-08]

	Einheit	Kenngröße
Reichweite	km	30 – 45 (je nach Fahrweise)
Max. Leistung	kW/PS	0,25 / 0,33
Steigfähigkeit	%	20
Höchstgeschwindigkeit	km/h	1-6
2x12V Spezial-Bleiakkumulatoren	Ah	80
Bodenfreiheit	mm	100
Eigenmasse	kg	130
Zul. Gesamtmasse	kg	230
Wendekreis	mm	2700
Abmessungen (HxBxL)	mm	1040x720x1240
Fahrzeugelektrik		2 Scheinwerfer vorn, 2 Rücklichter und 2 Rückstrahler, Richtungsblinkanlage 2x21W, Warnblinkanlage, Hupe, optische Batterieladeanzeige

4.1.2   ESR-20

Der ESR-20 war die Weiterentwicklung des ESR-10. Da der ESR-10 auf Basis eines rein mechanischen Rollstuhls entwickelt wurde sollte der ESR-20 mehr Komfort bieten. Ausgangspunkt war der Sitz, in der DDR war nur der Trabant-Sitz ausreichend verfügbar. Somit stellte dieser Sitz die Grundlage für die Entwicklungen dar. Der ESR 20 wurde somit von Grund auf um den Trabant Sitz neu konstruiert, Bild 63.

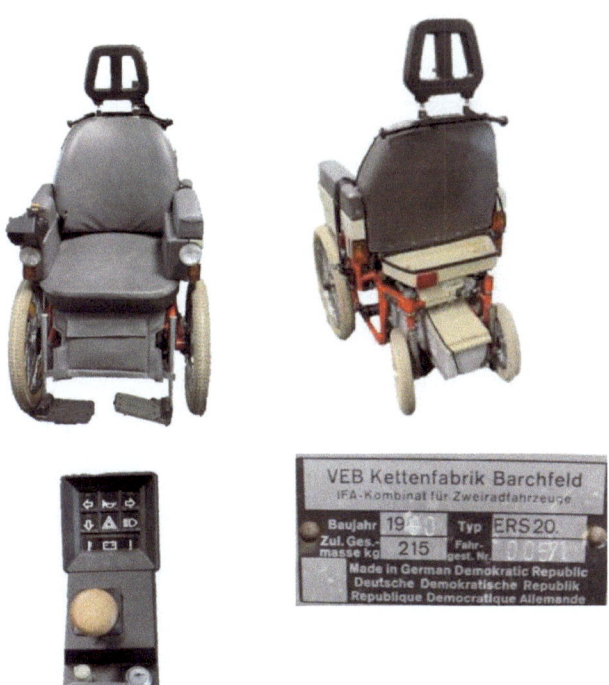

Bild 63 ESR20 vorn (links oben). ESR20 hinten (rechts oben), Steuerung ESR20 (links unten), Typenschild ESR20 (rechts unten)

Es wurde ein leistungsfähiger Motor mit 0,35 kW vom Elektromotorenwerk Thurm verwendet. Auch bei den Batterien wurden auf Polypropylen basierte Energiespeicher eingesetzt. Im Gegensatz zum ESR-10 war die Steuerung des ESR-20 komplexer. Da es in der DDR bis dahin noch keine geeigneten Steuerungen gab, wurde bei Simson eine Entwicklungsgruppe gebildet, welche die entsprechenden Antriebssteuerungen für Antrieb und Ladegerät entwickelten.

4.2 Simson Elektro-Roller

4.2.1 Simson SR „E"

Geschichte

Die Marke Simson ist bei Jung und Alt deutschlandweit bekannt und sehr beliebt. Man denkt dabei insbesondere an die 2-Takt Mopeds wie die S51 oder die Schwalbe, welche mit einer Höchstgeschwindigkeit von 60 km/h zugelassen sind. Fast unbekannt ist jedoch, dass der erste serientaugliche Elektro-Roller Deutschlands genauso wie der Hotzenblitz auf den Simson Gelände in Suhl gefertigt wurde. Simson beschäftigte sich bereits zu Beginn der 80er Jahre mit der Entwicklung von elektronisch gesteuerten Antrieben, wie z.B. bei den Elektro-Rollstühlen ESR 10 und 20. Erste Designstudien für Kleinkrafträder mit Elektromotor entstanden 1989 bereits im Rahmen einer Kooperation zwischen der Simson Fahrzeug GmbH und der Burg Giebichenstein Kunsthochschule Halle. Erste Elektroroller auf der Basis des SR50 wurden durch die Südthüringer Entwicklungsgesellschaft für Arbeit und

Umwelt (StEGAU) realisiert Bild 64. Die StEGAU war, wie damals in den neuen Bundesländern üblich, eine Arbeits-Beschaffungs-Maßnahme (ABM), welche von der Bundesanstalt für Arbeit finanziert wurde.

Technik

Es wurde ein modifizierter Standard Gleichstrommotor vom Motorenwerk Heidenau genutzt. Der Reihenschlussmotor mit 24 V und 1,75 kW wurde von einen am Markt verfügbaren Curtis Controller 1204/500 angesteuert. Zwei 12 V Batterien stellen die Energieversorgung bereit. Der Fahrregler mit Fahrpotentiometer erfasst die Drehzahl des Motors und reagiert auf dem Strompedal des Motors. Dabei werden die Geschwindigkeit sowie der Motorstrom geregelt. Der Fahrtregler wurde auch bei StEGAU selbst entwickelt und anschließend in Zella-Mehlis bei der Firma ZILA Elektronik GmbH (personell aus Robotron Electronic Zella-Mehlis entstanden) gefertigt. Ein DC-DC Wandler setzt die Spannungsebene des Motors von 24 V auf die Boardspannung von 12 V herunter. Ein Batteriecontroller wurde durch ein Start-up aus Jena entwickelt und gefertigt. Das integrierte Ladegerät wurde durch die Firma Bischoff Elektronik in Oberstadt gefertigt. Interessant war, dass sich im Rahmen der Entwicklungen zum SR „E" sich auch mit alternativen Antriebskonzeptionen, dem Radnabenmotor sowie dem Scheibenmotor beschäftigt wurde, Bild 65.

Bild 64 Simson SR „E" links (links oben), rechts (rechts oben), Antriebs (links Mitte), Anzeigeinstrumente (rechts, Mitte), Steuerung und obere Batterie unter Sitzbank (unten)

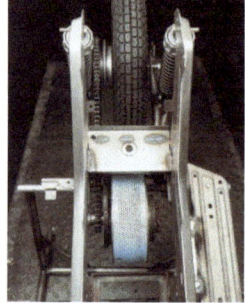

Bild 65 Elektro Roller SR E/1 Antriebskonzept Radnabenmotor (links), Antriebskonzept Scheibenmotor (rechts) [© Archiv Fahrzeugmuseum Suhl]

4.2.2 Elektrischer City-Trans SM50

Parallel zum Simson SR „E" entwickelte StEGAU auf Basis des Simson Rollers und des dreirädrigen City-Trans ein Snack Mobil SM 50, welches auch mit 2-Takt-Motor verfügbar war. Es wurde auch als Simson Albatros bezeichnet. Die Idee von StEGAU war bereits damals die Tatsache, dass Städte und Gemeinden zur Verbesserung der Lebensqualität Kernbereiche für Fahrzeuge mit Verbrennungsmotor gesperrt hatten, z.B. Kur-Zonen oder Parks. Auch gab es damals bereits Förderungen für Öko-Fahrzeuge mit Zuschüssen von mehr als 1 TDM pro Sitzplatz. Um dennoch diese Bereiche gastronomisch zu versorgen wurde das Ladekasten-Dreirad realisiert. [SCH-08]. Das als Eismobil realisierte Dreirad, Bild 66, hatte 1 Sitzplatz und eine mögliche Zuladung von 100 kg bei einer zulässigen Gesamtmasse von 260 kg. Die Reichweite wurde mit ca. 40km angegeben. Die Systemspannung war auf 36 V ausgelegt. Die Geschwindigkeit wurde auf 40 km/h begrenzt [SCH-08]. Der erste elektrische Prototyp befindet sich im Fundus des Fahrzeugmuseums Suhl und wurde laut Typenschild bereit 1990 gefertigt bzw. wurde eine Plattform aus diesem Jahr genutzt.

Bild 66 StEGAU Elektro Snack Mobil SM 50 [© Archiv Fahrzeugmuseum Suhl]

4.2.3 Designstudie Simson Elektroroller

Fast nicht bekannt ist, dass parallel zur Entwicklungsge-
schichte des auf den SR50 basierten Elektrorollers auch ein
komplett alternatives Design realisiert wurde. Herr Harold
Preißer, der Designer des Hotzenblitz, brachte auch einen
Entwurf mit ein, Bild 67 und Bild 68, welcher jedoch von
Simson nicht weiter berücksichtigt wurde. Der Roller basierte
auf den Simson Y-Rahmen und konnte eine Geschwindigkeit
von 60Km/h erreichen. Der elektrische Antrieb sowie die
Steuerung wurden in der Schweiz entwickelt.

Bild 67 Design-Studie Simson-Elektroroller neben [© Thomas Albiez]

 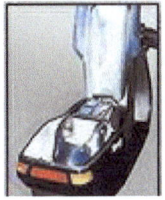 

Bild 68 Design-Studie-Simson Elektroroller Tacho, Staufach, Vorderrad [© Harold Schurz-Preißer]

4.2.4 Elektroroller SR gamma E

Vorgänger des Simson SR gamma E waren die Arbeiten des Simson SR „E", bei welchem nur Versuchsmuster gefertigt wurden. Die damals entstandene Suhler Fahrzeugwerk GmbH griff auf die Vorarbeiten von StEGAU zurück und entwickelte den SR gamma E weiter zum Produkt. Der SR gamma E war somit der erste in Deutschland ab 1994 serienmäßig angebotene Elektro-Roller und wurde im damaligen Modellprospekt neben den weiteren Varianten der gamma Reihe angeboten, Bild 69 und Bild 70.

Bild 69 Modellpalette der Suhler Fahrzeugwerk GmbH

Ein Verkaufserfolg war der Roller leider nicht, der Kaufpreis schlug mit 5759 DM zu Buche, was im Vergleich zu damals angebotenen Zweirädern mit Verbrennungsmotor ein enormer Kostenunterschied war.

Bild 70 SR gamma E von links (links oben), von rechts (rechts oben), ohne Verkleidungen (links unten), Anzeigeinstrument (rechts unten)

Kostentreiber waren insbesondere die Batterien. Ein Manko hingegen die stark eingeschränkte Reichweite von ca. 50 km – 60 km. Diese Faktoren wirkten sich damals negativ auf den Absatz aus, sodass der Elektroroller 1995 bereits eingestellt wurde. Der Aufbau erfolgte analog zum SR „E" unter der Sitzbank befinden sich der Curtis Controller, Ladegerät sowie die obere Batterie. Im Fußbereich befindet sich die untere Batterie. Als DC-DC Wandler von 24 V auf 12 V wurde ein WA 4813 von der Schaudt GmbH eingesetzt. Der Fahrtregler wurde wie auch beim SR „E" von der ZILA Elektronik GmbH aus Zella-Mehlis gefertigt.

Tabelle 13 Technische Daten Elektroroller SR gamma E [Werbeprospekt]

	Einheit	Kenngröße
Typbezeichnung		SR gamma E
Motor		Luftgekühlter Gleichstrom-Reihenschluss-Motor
Nennleistung	kW	1,7 bei 1750 U/min
Boardspannung Antrieb	V	24
Boardspannung Licht	V	12
Batterien		2x Blei-Gel-Batterien 12 V / 115 Ah, recyclebar
Batterieladung		Boardintegrietes Ladegerät. ca. 400 Zyklen
Reichweite	km	ca. 50 (je nach Gelände / Fahrstil)
Höchstgeschwindigkeit	km/h	40
Hinterradantrieb		Zahnriemenantrieb
Radaufhängung vorn		Teleskopgabel mit 130 mm Federweg und hydraulischem Endanschlag
Radaufhängung hinten		Langschwinge mit hydraulischen 5-fach einstellbaren Federbeinen und 85mm Federweg
Vorderradbremse		Scheibenbremse
Hinterradbremse		Trommelbremse
Radstand	mm	1250
Sitzhöhe	mm	760
Gesamtlänge	mm	1700
Lenkerbreite	mm	620
Anzahl der Sitzplätze		2
Leegewicht	kg	130
Zulässige Gesamtmasse	kg	290

4.3 MuZ Charly

MZ ist eigentlich bekannt als die Motorradschmiede der DDR. Das Nachfolgeunternehmen MuZ GmbH produzierte nach er Wiedervereinigung jedoch nicht nur Motorräder mit Verbrennungsmotor sondern stellte auch den ersten deutschen Elektro-Kleinroller her. Bereits 1993 wurde der erste Charly in Zschopau in Erzgebirge produziert, Bild 71. Wie auch bei den ersten Simson-Elektrorollern war damals das Thema Elektromobilität auch nur etwas für Enthusiasten. Obwohl große Vertriebspartner wie Quelle ins Boot geholt wurden, welche den Charly unter den Markennamen „Mars" vertrieben, lief der Verkauf sehr schleppend an. Negativ hinzu kam, dass die MuZ GmbH 1996 Insolvenz anmelden musste. In Folge der Übernahme von MuZ durch die Malaysischen Homg Leong Konzern wurde auch der Roller Charly grundlegend weiterentwickelt. Bisher hatte der Roller nur einen Scheinwerfer, nach der Überarbeitung erhielt Charly das bis heute markantes Aussehen mit den Doppelscheinwerfern, Bild 71. Im Gegensatz zu heutigen Elektro-Kleinrollern sieht man dem Charly an, dass er aus einer Motorradschmiede entstammt, da der ganze Lenker und die Bedienelemente sehr robust ausgeführt wurden. Trotz Übernahme des Malaysischen Konzerns musste auch 2012 die Motorenwerke Zschopau GmbH Insolvenz anmelden. Somit stand vorerst auch das die Produktion von Charly vor dem aus. 2013 übernahm die neu gegründete MuZ Vertriebs GmbH die Ersatzteilversorgung für bis dato gefertigten MZ- sowie MuZ-

Motorräder und den Roller Charly, mit Sitz in Schneeberg. Ab 2017 wurde dann in Schneeberg auch wieder die Fertigung des Charly aufgenommen. Die wesentlichen Komponenten des Rollers wurden im Erzgebirge hergestellt. Obwohl der damalige Vertrieb des Rollers schleppend anlief, kann man Charly als Erfolgsgeschichte werten. Der Roller entwickelte sich zum Kultobjekt, da damals keine vergleichbaren Fahrzeuge verfügbar waren. Im Jahre 2000 wurden pro Monat bis zu 600 Stück gefertigt, wobei ca. die Hälfte in die USA importiert wurde. Der Roller war besonders beliebt, da Sitz und Lenkrad eingeklappt werden können. Somit hatte der Roller sehr kompakte Abmessungen, sodass dieser z.B. im Kofferraum bequem Platz findet und z.B. auf Camping-Plätzen als Brötchen-Taxi mitgenommen werden konnte. Mit steigender Konkurrenz insbesondere aus Asien war es vermutlich wirtschaftlich schwer im Preis mithalten zu können. Im September 2023 ging die Ära Charly mit der Produktionseinstellung in Schneeberg zu Ende [MUZ-25].

Bild 71 Charly 1 (links oben), Lenker (rechts oben), Akkubox (links 2. Reihe), Charly 1 Transport (rechts 2. Reihe), Charly 2 (links 3. Reihe), Lenker (rechts, 3. Reihe), Akkubox (links unten), Transport (rechts unten).

Literaturverzeichnis

[ALE-92]   Alex, Ralph: Elektroauto Hotzenblitz EL
                Sport. In: Auto Motor und Sport, Heft 3,
                Stuttgart, 24. Januar 1992.

[BMW-91]   BMW AG: *Elektroantrieb für BMW
                Automobile.* ALex – Aktuelle Lexikon,
                München: BMW AG, AK-3 1991.

[BMW-93]   BMW AG: *Mobilität und Zukunft. Ein Weg
                zur praktischen Vernung: BMW E1.*
                Prospekt, München: BMW AG, AK-3 1991.

[DLR-09]   DLR Deutsches Zentrum für Luft- und
                Raumfahrt e.V. Institut für Fahr-
                zeugkonzepte. Einsatz von Brennstoffzellen
                in Fahrzeugen – Überblick über die Arbeit-
                en des Instituts für Fahrzeugkonzepte, 2009

[ELW-02]   Batterien für Elektrostraßenfahrzeuge.
                https://elweb.info/data/evtechnik/allgemein/
                fbatteri.htm, Abgerufen am 6.4.2025

[FER-93]   Fersen, Olaf: Kompaktmodelle mit
                Fahrtkomfort. In VDI Nachrichten. VDI
                Verlag GmbH, Düsseldorf, 27.8.1993.

[FRI-93]   Fritscher, Otto: *ATW Ligier Optima II
                Unser Versuchskaninchen.* In_:
                Süddeutsche Zeitung, München, 17.02.1993

[LIG-92]   *Ligier Elektrofahrzeuge, OPTIMA und
                OPTIMAX,* Programmübersicht, Auto
                Technik Walther GmbH, Bad Rappenau, 1.
                Oktober 1992

[HOT-93]   Hotzenblitz Mobile GmbH & CO.KG.: *Das erste in Deutschland produzierte Elektro-Leichtmobil auf der IAA '93:*. Pressemappe, Ibach, Hotzenblitz Mobile GmbH & CO.KG, 1993.

[KRA-14]   Krabat UG, Webseite der Krabat AG, abgerufen am 20.03.2025. [https://web.archive.org/web/201408181801 55/http://www.cityel.de]

[MAE-94]   Maertin, Christian: *Volle Batterie voraus Nach fünfjähriger Entwicklungsphase und bürokratischen Hindernissen läuft Anfang September im thüringischen Suhl das erste Elektroauto names Hotzenblitz vom Band.* In: Forbes. Wien. September 1994.

[MAS-25]   Markus Schöttle: Erinnerungsprotokoll, Niedernhausen, Januar 2025.

[MAU-94]   Maucher GmbH Formenbau und Kunststofftechnik & CO.KG: *Ein Unternehmen zeigt Profil.* Firmenprospekt, Markdorf, 1991.

[MUZ-25]   Charly- Der Elektroroller aus dem Erzgebirge. MuZ Vertriebs GmbH, Webseite https://www.charly-roller.com/, Abgerufen am 5.4.2025

[NÄH-96]   Nähr, Gerhard: Unternehmenskonzept. Prospekt Transport-Systemtechnik AG, Mittweida. 10.10.1996

[NEU-17]   Neumann, Sascha: *Antrieb Zukunft.* Booklet, Wolfsburg: Volkswagen Aktiengesellschaft, 2017.

[PET-23]   Hänsch-Petersen, Lars: *Mercedes 190 E: Den W 201 gab's auch als E-Auto! Wie der Mercedes 190 auch als E-Auto seine Zuverlässigkeit bewies.* Online Artikel, Klassik Auto Bild.
URL: https://www.autobild.de/artikel/mercedes-190-e-den-w-201-gab-s-auch-als-e-auto--16821489.html, 30. Oktober, 2023.

[SCH-08]   Schmuck, Volker: *SIMSON - Eine Weltmarke im Wandel der Geschichte.* MZA Verlag, Meiningen, Juni 2008.

[SOM-20]   Sommer, Marcel: *Schieben statt laden.* Auto Motor Sport, URL: https://www.auto-motor-und-sport.de/elektroauto/mercedes-benz-le-306-elektro-transporter/. Abgerufen am 06.04.2025.

[TUD-96]   *Flotter Straßenfloh hüpfte über TU-Campus.* In: Universitätsjournal der Technischen Universität Dresden. Ausgabe 10. Dresden, 4. Juni, 1996.

[TWI-00]   TWIKE Club, Webseite, https://www.twikeklub.ch/archiv/Geschichte.htm, Aktuallisiert am 21. Februar, 2000. Abgerufen am 05.04.2025.

[TWI-25]   TWIKE GmbH, Webseite, https://twike.com/, Abgerufen am 05.04.2025.

[WIR-96]   Schmich, Walter: *High Tech Kiste.* In: Wirtschaftsmagazin, Rehin-Neckar-Zeitung. Ausgabe 95, Heidelberg,13. August 1996.

Abbildungsverzeichnis

Kontakt zum Autor: Rigo@Herold.group

Webseite zur Thematik: www.elektro-oldtimer.com